大 学 问

始 于 问 而 终 于 明

守 望 学 术 的 视 界

法典、习俗与司法实践

清代与民国的比较

黄宗智 著

广西师范大学出版社
·桂林·

贯彻新的法律体制 *43*

第四章　1929—1930年的国民党民法典　*53*
  国民党法典的起草　*54*
  从禁与罚到"权利"　*58*
  资本主义对小农经济　*61*
  男女平等　*64*
  社会公正与矛盾倾向　*67*
  习俗对成文法　*71*

下篇　清代与国民党民事法律制度的比较

第五章　典　*77*
  清代的法典和习俗　*78*
  清代的习俗与法庭行为　*84*
  民国时期的典惯习　*92*
  持续的问题　*97*

第六章　田面权　*106*
  习俗中的佃权与所有权的起源　*106*
  双层所有权的常规与语汇　*110*
  成文法　*115*
  适应与对抗　*118*
  司法实践　*123*

第七章　债　*128*
  生存借贷与资本主义信用　*129*
  司法实践中的延续与新发展　*134*

法律和惯习间的拉锯战　*140*

第八章　赡养　*147*
　　民间惯习　*147*
　　习俗与法律　*157*

第九章　清代法律下妇女在婚姻奸情中的抉择　*169*
　　司法分类与相关的法律　*169*
　　清代的构造　*177*
　　司法实践与社会惯习中的变异概念　*181*
　　妇女作为受害者　*185*
　　消极自主的负担　*190*

第十章　国民党法律下妇女在婚姻、离婚和通奸中的选择　*195*
　　国民党法律下妇女的自主　*195*
　　实践中的妇女自主　*202*

第十一章　结论　*217*
　　清代法律和民间习俗的逻辑　*217*
　　清代的司法实践　*223*
　　向现代法律过渡　*225*
　　现代化的地方实践　*228*

附录　*233*

引用书刊目录　*235*

索引　*252*

表目录

表 3.1　顺义县 51 名男性大学毕业生,依教育背景区别,1912—1932 年　*51*

表 8.1　三个华北村庄中 19 户自耕农家庭的养老规定,20 世纪 30—40 年代　*149*

表 9.1　清代巴县、宝坻与婚姻有关的案件(依清代分类)　*170*

表 A.1　研究中涉及的清代案件:县、时期、类别　*234*

表 A.2　研究中涉及的民国案件:县、时期、类别　*234*

第一章 导论

本书提出这样一个问题：从20世纪初开始到新中国成立之前，中国的民事法律制度经历了怎样的变化与不变？提出此问题当然也是问什么是"中国"或"传统"，什么是"西方"或"现代性"，以及这些方面之间的内在联系与相互作用。另外，本书对"民事法律制度"或"民事法制"使用的是广义的理解。首先，在成文法律或法典之外，还包括司法实践。其次，是注意法律与民间习俗之间可能存在的背离，以及法庭如何在两者之间斡旋。最后，本书在法律制度之外，还注意当事人所做的抉择，目的在于弄清法律制度的变化在人们生活中的实际意义。

继上一本以清代为重点的著作之后，在本书中我原打算以1900年至20世纪30年代的过渡期为重点，侧重于清朝最后十年的法律改革及其向国民党民法与刑法典的转变。因而本书的出发点，是对清代旧法律修订过程的叙述、过渡期内施行的制度变革及新法典前后相继制定的多部草案。

然而随着研究的深入，我发现要回答自己提出的问题，不能仅考察过渡期本身。民事法律制度的变化要在对清末改革之前及国民党掌权之后的比较中才显得清晰。本研究因而逐渐演化为对清代与国民党民事法律制度的比较分析，主要集中在1860—1900年间与1930—1949年间的比较，超出过渡期本身。

这样一来，第一部分中有关过渡期的三章应当作全书的背景部分来读。过渡期内令人惊讶的是民法的延续，新的民国政府没有采用晚清政府以1900年《德国民法典》为范本草拟的新法典，而是继续使用清末修订过的旧法典。结果一部自称为刑法典的《大清刑律》中的民事部分，被出人意料地当作民国民法典使用了将近二十年。

与此同时，过渡期也显示了许多主要的制度变革，包括至1933年全国约半数县建立了西式的或"现代的"法院系统（至1926年国民党统治前夕全国约四分之一的县如此）。该法院系统内民法与刑法、县长与法官被明确分开（而不像以前的县令兼行政、司法于一身）。在1900年后的过渡时期里，制度上与行政上的变革实际上早于成文法的变化。

1929—1930年颁布的国民党民法典几乎完全模仿1900年的《德国民法典》，但它与以往法典有根本的概念分歧：清法典视父系家庭为基本社会单元，国民党民法典以男女个人为中心。前者的基本经济逻辑是围绕家庭农场组织的、以生存为目的的小农经济，后者的经济逻辑是围绕合同签订者组织的资本主义经济。这些基本的概念差异对本研究中深入探讨的所有议题都有影响。

议题与分析角度

本书无意进行清代与国民党民国法律之间所有差异的全面比较,而只注重那些与社会生活有最大关联的部分。我选择议题主要以档案案例记录中的诉讼频率为基准。这些议题内容分别归属于国民党民法典(总则之外)的四大编:"物权"编下的典卖土地与田面权,"债"编下的不履行债务责任,"亲属"编下的结婚、离异与通奸中妇女的"抉择",以及"继承"编下的赡养父母。

对每一个案例我首先考虑清代法律与民国法律的不同逻辑。两者面对不同的社会秩序:一个是小农(虽然已部分商业化了的)社会秩序,另一个是资产阶级社会秩序。我比较两者的意图在于把一方作为另一方的参照面,以便揭示出两者的一些基本特性。

做这样的比较,重要的是要避免西方式的或欧洲中心论的先入之见。我们要自觉地批评那种现代西方对非西方的"他者"的优越性假定。从清代法律到模仿西方的国民党法律的转变,并非像某些大陆学者坚持的那样是由落后的封建法律向资本主义法律的简单转变,也不是由非理性向理性、由实体主义/工具主义者"卡迪法"向马克斯·韦伯所谓现代法的转变,或由假定的中国没有民法到开明采用现代西方民法的转变。从一开始我们就要摒弃此类直线发展的、欧洲中心论的看法。

然而我们也不应走向坚持"中华帝国也有"的另一个极端,不应给我们自己提出任务去证明清代法律也具有合同与市场关系的资本主义因素,或清代法律也具备韦伯式的理性,或中国也有西方民法的传统。① 这种论点根本上与上述论点同样唯西方独尊,与正宗的现代化理论并无不同,因为它假定现代西方乃放之四海而皆准的普遍标准。

我们需要问的是一方如何使另一方显得更清楚,而不是假定(无论多么含蓄)此方或彼方的优越性,或试图坚持它们完全等同。我们的目的应该在于阐明两者的内在逻辑与囿于文化的不同特性。在好的比较中,任何一方都应成为使相反方更清楚的参照。

不过我们同时也不能止步于仅仅把两者简单对立。国民党法律不是其德国范本的副本,它是以晚清草案为蓝本、经连续两次修订的产物。这些修订在某些重要方面使其更切合中国的既存习俗与现实,在其他方面则引入了更进一步的根本性改变。

考虑到这点,国民党法典史很像广义的中国近现代史。它一方面以西方对中国文化的影响为基础,我们中的许多人的确是以中国与西方开始全面接触为准线来划分中国近现代史的。但这种接触的结果并不仅仅是任何由此及彼的简单变化。另一方面,本土文化在近现代史中不仅是传统与现代间的一种对照与抗争,也是两者间的一种协调与适应。

国民党的立法者们提倡既从旧的、也从新的法律中进行选择,他们甚至提议合并二者以创造一个不同的东西。他们努力的最终目标在于形成一个将以个人为重点的法律融入以社会为重点的法律的综合体,他们草拟的新法典意欲成为、也需理解成包含两种文化的混合体。

---

① 对这些问题更详尽的讨论,参见黄宗智,1996,第一章。

此混合体特别包含了成文法意图与惯习之间的双向影响。国民党民法典应被视为一部多层次的文本，不仅包括借鉴自德国范本的概念构成，也包括选择性地保留了习俗与清代旧法律的某些方面。其中大部分仅被吸收为实用条例，不带意识形态色彩，但少部分在概念上依然一仍其旧，有些甚至与新法典的主干概念框架背道而驰。

对两部法典的比较因而牵涉两个方面：一方面是概念构成上清代法典体现出的传统中国与新法典表现出的现代西方间的对照，另一方面是让法律适合中国社会实际的渐进过程。要理解从清代到国民党时期成文民法的间断和延续，概念构成的对照与适应过程两者不可或缺。

除了成文法的概念构成，本书还考察法律的社会背景及其实际运作。这也是我在"民事法律体系"一词中所表达的意义——以区别于范围较窄的"民事法律"或"法律"（我指的是成文法）。我有意将"民事法律体系"解释成既包括成文法、民间习俗，也包括司法实践。经过对多部法典的分析之后，我的下一步考虑是把它们放在民间习俗的背景中。

在这里可以指出，有关习俗是或应该是所有法律的来源的假定，亦即英美传统的普通法的内含原则，不该硬套于中国。清代及民国法律有时维持、默许，但有时也明确地反对习俗。不考虑国家立法而将习俗与"习惯法"等同是不对的。①

同时我们要避免走向另一个极端,即假定习俗与国家成文法之间只存在对立。② 清代法典不时维持或迎合习俗,而民国民法典通过连续两次的修订也达到了如此效果。分析成文法与习俗之间的关系,需要考虑到特定的法律条文与特定的时间。

有清一代,法律与习俗在继承和债务方面基本一致,在典卖土地和妇女买卖方面则表现为法律逐渐适应社会现实。但在田面权、妇女抉择和养老的某些方面,法律与习俗间存在不可调和的矛盾。这些矛盾也许是我们研究中最有意义的部分。

民国时期,由于在中国社会实际之上强加了一部高度洋化的法典,可以预料法律与习俗之间的差距拉得更大了。我们因而可以看到本书中研究的所有议题都存在法律条文与民间习俗的明显背离。在典卖与债务领域,立法者最终让模仿德国的法典与习俗更趋一致。而在其他领域如田面权、妇女抉择及继承问题上,法律条文与社会实际之间的紧张关系依然存在。

把法律放在习俗背景下考察,有几重目的。凡是双方一致的

---

① 陈张富美与马若孟(Ramon Myere)以假定清代为西方古典的自由主义放任国家作为其出发点。他们进而认为清代经济增长的根源在于由习惯法支持的组织基础。在他们看来,"国家很少积极地管理习惯法",尽管它"经常明确地承认各种私立合同"(1976:3)。这样一种假定前提导致他们忽视了国家对习俗与民间做法的压制,例如土地的一田两主制及婚姻中的妇女买卖(见 chen and Myers,1978:17—27)。

② 梁治平在其 1996 年的清代"习惯法"研究中同样没有适当考虑成文法。像马若孟与陈张富美一样,他至少含蓄地把太多的自治与权力赋予清代习俗。他的基本信念似乎是这样一个政治信念:要在习惯法中发现(英美式?)多元化政治的空间,反对专制主义国家权力。虽然我基本同意梁的政治观点,但我认为他在两种法律传统间强行画这样的等号是不对的。

地方,留意二者有助于揭示它们之间的内在逻辑,这可能是不那么明显的逻辑。法律文本特别有助于弄清楚民间做法中未予明言的假定与基本原则,而民间做法则可能使法典中不那么显而易见的东西表露出来。清代的债务就是一个很好的例子。

凡是法典与习俗不一致的地方,各方在概念化与行为方面都可能使对方显得更清楚。如田面权习俗即带有清代、民国法律都不允许的一种产权逻辑。习俗与法典间的这一直接对抗有助于揭示两者截然不同的产权概念。

另外,同时留意法律与习俗双方有助于确定研究司法实践的背景。我这里用"司法实践"一词,指的首先是法庭的具体行为,其次是法典中纯实用性的规定(相对于意识形态思维)。它们在很大程度上取决于法典与习俗之间的关系,取决于双方是基本一致,还是不断冲突或完全背离。

凡法典与习俗一致的地方,法庭行为可能主要是依法行事。在这种情况下,案件档案记录告诉我们的是哪类争端如何及为什么最易引起诉讼。它们表明法典在实际生活中的真正含义。

凡法典与习俗存在不断冲突或完全对立的地方,法庭判案可能会演绎出多种不同的类型。法典本身可能默认习俗的存在,有时这会有悖其主干概念框架,就像国民党民法中的债务一样。或者坚持不迁就习俗,就像清代、民国法典处理田面权那样。至于各级法庭,它们可能依照法典来压制习俗,正如在处理田面权时清代在部分程度上、民国在很大程度上取缔习俗那样;或者也会顺应社会实际,就像国民党法院对待农村儿子赡养父母的习俗;或者调和法典与习俗,就像国民党法院对待女儿继承权。

换句话说,司法实践既不同于成文法,也不同于民间习俗。虽然它与成文法及民间习俗均有重叠之处,我们还是应该把它们分开来看。就像习俗与法典之间的关系那样,我们的研究中最令人感兴趣的一些议题即法律实践和成文法典的背离之处。法庭记录因而不仅告诉我们法典与习俗间的冲突,也告诉我们法庭如何在二者之间斡旋;它们甚至可以成为我们了解一些在法律条文上不承认而实际存在的社会习惯和法庭实践的主要信息来源。

总而言之,本书从这三个层面来考虑其主要议题:成文法、民间习俗及司法实践。每一层面揭示其在民事法律制度中与其他层面不同的某一方面。

对清代与民国时期的确切比较不能仅以成文法为基础,因为那样会夸大实际的变化。清代与国民党法律不同的指导意识形态与社会取向的确重要,但它们的不同也可能掩盖了习俗的基本延续及法典的实用条例与法庭的实际行为对习俗所做的重要让步。正是对以上三个层面间相互作用的考察,告诉我们自清代至民国间民事法律制度的变化与连续。

为了了解这些变化与连续的具体内容,我们必须摒弃传统对现代、中国对西方的二元对立结构。变化与连续的过程涉及两者间多侧面的相互作用,既有妥协/适应,也有反对/对抗,每一方都同时牵涉法典、习俗与司法实践的多个层面。

过去的研究

我们所涉及的内容中被研究得最多的部分是清代国家的法律

体系。美国在此领域已积累了几代学者的学术成果:从卜德与莫里斯(Bodde and Morris,1967)和包恒(Buxbaum,1971)的早期开拓性工作,到包括安守廉(Alford,1984)、布罗克曼(Brockman,1980)和科纳(Conner,1979)在内的第二代学者的著作,到最近依靠档案的研究成果——包括艾力(Allee,1994a)、白凯(Bemhardt,1999)、麦考利(Maculey,1999)、白德瑞(Reed,2000)和苏成捷(Sommer,2000),以及我自己(黄宗智,1996,1998)。但是,没有一位(除了白凯)从与民国的明确比较角度来理解清代,也没有谁侧重于研究本书中研究的具体议题,我在1996年对清代民事法律制度的研究对这些议题也只是一带而过。

在梅尔(Meijer,1950)和约瑟夫·程(Joseph Cheng,1976)的著作中有大量篇幅涉及晚清的法律改革,它们至今仍是对模仿西方的新民法典草案的权威性研究。该草案在1929—1930年后成为中国的法律。但就清末民初而论,我的重点将放在对清代旧法典的修订上,因为此旧法典的民事部分乃民国头二十年执行的民法。

对民国初期及国民党时期的研究都不多,对该时期进行整体研究的(主要英文著作)仍只有范·德·沃克(Van Der Valk)1939年的《概论》。后来的学者相对忽视这一时期,部分原因可能是他们认为民国不过是从清代到新中国之间的演变中的一个中断期而已(而新中国则受到与清代几乎同等的重视)。

然而本书将阐明,民国时期的情况对我们理解当代中华人民共和国的法律体系至关重要。后者的法律不仅受到古代中华帝国和现代社会主义理念的影响,也继续受到西方法律的影响,特别是1978年改革以来更加如此。随着20世纪八九十年代新立法活动的开展,中国再次在许多方面恢复了晚清法律改革者和国民党立法者草创的工作:确立一个既与西方主导的现代立法趋势相一致(及与由改革引起的新的社会现实相一致),又保持中国传统习俗的法律体系。我们也许可以说今日中国法律的出发点更接近国民党法律而不是清代法律。

尽管本书的分析角度与以往的作者不同,我还是从过去的学术成果中获益匪浅,这在全书的引文与讨论中是显而易见的。如果我对已往研究成果的引用显得似乎没有像其他议题那样详尽,那是因为对民国时期的研究委实太少,将民国与清代进行比较的研究更是少之又少。

下面再简单谈谈本研究所使用的资料。对清代与民国司法实践的比较,我主要依赖 875 宗地方案件的档案记录。清代案件来自四川巴县、直隶宝坻及台湾淡水-新竹三地,时间从清中叶到 20 世纪前十年。民国案件来自河北顺义(今北京市)、四川宜宾、浙江乐清及江苏吴江四县,时间主要集中在 20 世纪三四十年代,但顺义县也有 20 世纪一二十年代的案例。所有使用的案件均依县、时期及有关议题在附表 A1、A2 中显示。我还利用了最高法院及北京地方法院的案件来补充研究民国时期的部分情况。

就民间习俗而言,案件档案记录本身当然是重要的资料来源,它们很好地展示了法典与民众习惯之间、法典与法庭行为之间的张力。另外,我再次利用了卓越的日本满铁调查资料。对本书研究的主要议题来说,满铁资料提供了至今仍是最好、最详尽的人类学实地调查证据。民国初年北洋政府司法部对民间习惯的调查(《民商事调查报告录》,以下作《民商事》,1930)也有助于我们更完全地了解情况。①

至于1900—1930年的过渡期,现存不仅有清代及国民党法典,而且有改革者修订的清代法典和他们对各类律例的修改所做的说明,以及表现出新旧之间适应与冲突的新法典的三部草案。另外还有最高法院② 1912—1928年、司法院1929—1946年应下级法院的请示对法典中的条款所做的诠释与说明(郭卫编,1912—1927年;1927—1928年;1929—1946年)。此时期内最高法院的案例判决也有助于澄清法律中模棱两可的地方(傅秉常、周定宇,1964年,第二历史档案馆)。

这些资料组成了本书的实证基础。我尝试着利用它们对整个民事法律制度做鸟瞰式的宏观研究,同时也对某些选定议题进行微观分析

对研究结果的几点说明

在回到本书的重点之前,让我简要地讨论一下广为学界考虑的两个次要问题。由于本书一半以上的内容涉及国民党的法治统治,我们免不了要对国民党的统治做某种程度上的评价。多数美

---

① 在我看来,虽然那些调查在展现民间习俗在不同地区的差异上非常有用,但它们并没有满铁资料的那种细节丰富与实地调查的翔实感。后者是基于村级的人类学调查,而前者则基于县级司法官员所填的问卷(由省上级法院发下)编成。这些资料在实证信息上的弱点,从梁治平的研究中(1996年)清楚表现出来,该研究几乎完全建立在此单一资料的基础之上。
② 最高法院1906年初创时以"大理院"名之,到1927年改名为"最高法院"。1929年之前最高法院有权听取上诉及诠释法律,1929年后该诠释功能由新设立的司法院接管。

国读者将会从以易劳逸(Eastman,1974,1984)为代表的主流派观点来看待此问题。易与同学派的其他学者们的注意力集中在国民党与共产党的政治斗争上。他们展示出：面对与共产党的斗争，以蒋介石为首的核心领导集团变得越来越狭隘地专注于保住其自身的权力，最终导致出现一些致命弱点，这些弱点解释了其政权崩溃的原因。易劳逸主要研究军事与政治政策及行为。而帕克斯·科布尔(Parks Coble,1986)的重点则在揭示南京政府时期国民党的财政政策如何同样变得日益专横和自私。

本研究并不挑战这些观点，但仍有与之不同的看法。我的焦点是法律，这也许可以(与其他领域，像教育、运输、通讯，甚至工业发展一起)称之为"二线领域"。因为在蒋介石集团与共产党的角逐中，这些"二线领域"并不如一线政治斗争那样迫切、紧急，它们为不同的理念与行为提供了更多的空间。虽然对政治斗争没有直接的决定作用，但从长期"基础结构"变化的角度看，这些二线领域的重要性仍十分明显。由于国民党的法治成绩与其军事－政治－财经领域的成绩相比较为突出，从某种程度上说，本研究的确提倡对那种仅仅建立在中心政治斗争基础上的观点进行重新思考。

作为对民事法律制度的研究，本书也必然考虑法律如何处理性别关系。在此方面，最近的学术研究很好地展示了妇女在帝国晚期，虽然是在家长制的社会秩序之下，对其自身生活具有的各种自主空间(特别参见科[Ko],1994；曼[Mann],1997；白凯,1999；苏成捷,2000)。本书的第九章、第十章把重点放在较少被探讨的清代与国民党法律如何看待妇女的意志及其所做的抉择问题上，试图为上述学术问题的研究做少许贡献。我认为清代法律视妇女既非似国民党法典下独立的积极的自主体,也非缺乏意志或选择的纯粹被动体。虽然清代法律视妇女的意志从属于男人,但它赋予妇女在被侵犯过程中和从与反抗的抉择——亦即我所说的"消极抉择"。

本研究进一步追问,在清代法律和民国法律下,妇女在现实生活中所做的选择如何与法律的设想一致或背离。对某些读者来说,令人惊奇的可能是清代法律对待妇女的做法实际上在有些方面起到了保护和强化她们自身的作用(但同时也向她们强加了一些无理期望)。与此相反,国民党法律坚持妇女乃完全独立的、积极的自主体,实际上却造成了取消清代法律对她们的一些保护的结果。

虽然这些问题令人感兴趣,但本书的主要内容仍是广泛比较清代与国民党民事法律制度之间的异同。正如可以想象的那样,对二者的比较形成了某些明显的或众所周知的对照,这正如父系社会秩序与个人社会秩序之间的对照一样。但它也引出了其他也许并非明显的对照:生存伦理与投资伦理之间,土地的永恒产权与土地乃有价物品之间,有拘束的产权与单一的、独立的产权之间等。此外,这一比较也显示了法典与习俗之间的一些根本的对立。本研究认为,总体而言清代法律与民间习俗比国民党法律与民间习俗具有更强的一致性。因此,清代法庭在司法实践中无须做到像国民党法院那种程度地斡旋于两者之间。

最后简单谈谈我在前面提到的一些主要理论问题。作为对自清代至民国民事法律制度的研究,本书不可避免地要界定"传统中国"和"现代西方"的概念并处理它们在20世纪的相互作用问题。

这样一来，也不可避免地要触及时下由后现代主义者和文化研究对旧的现代化范式的批评所引起的方法论与理论上的争论。

理论家如爱德华·萨义德(Edward Said)和克利福德·吉尔茨(Clifford Geertz)曾经特别强调过现代化范式怎样把西方自身的后启蒙现代性当作全世界的准则，他们也批评了现代化模式及其对立面的旧马克思主义社会史双方都隐含着唯物主义倾向。另外，皮埃尔·布迪厄(Pierre Bourdieu)试图运用其"实践逻辑"的概念去超越唯物主义与唯心主义之间、结构主义与唯意志论之间的分歧。本研究从这些理论家那里汲取了不少东西，但也会从他们的贡献与不足角度提出自己的看法。

因为主题的多层面性及书中采用了逐题的组织方法，本导论不打算提供惯常的对主要问题与中心论点的统一陈述。习惯了此类导论的读者也许可以先看结论，其中有对本书主要论点的总结和所采用理论观点的说明，但其他读者可能更乐于就此投入正文，从头看起，让主要论点与经验证据一道逐步展开。

上篇
从清代法律到国民党法律

第二章 清末民初的民法：修订过的《大清律例》

清朝倾覆后几乎整整二十年,其经过修订的旧法典的民事部分一直被新民国保留下来援用为正式民法。这一常被忽略的事实强调了旧律例中所含的民事内容,虽然它本身一直自我表达为极少考虑"细事"的刑法。这些民事条例的继续使用也表明,即使在帝制结束之后它们仍切合 20 世纪中国的社会条件。本章即考察民国时期修改、使用旧法律的过程,并对民法条例做全面性的概括讨论,在全章结尾将分析清代法典与随后颁布的现代民法之间概念上的差别和实践上的连续。

清末法律改革

清朝在其末年采取了两个平行的措施进行法律改革:其一是

起草新的刑法典和民法典,其二是修订旧法典。第一个任务在清朝灭亡之前已经完成,但清朝还来不及将法典正式颁布。第二个努力较成功,修订本于1909年完成并于次年成为正式法律。

第一个工程的历史相对而言为较多世人所知。在张之洞与刘坤一1901年联合呈递要求法律改革的奏章,以及法学家沈家本(1840—1913)被任命为修订法律大臣(伍廷芳同任,直到1907年由俞廉三接替)之后,起草新法典的工作于1902年开始(潘伟和,1982:17)。起草工作随1904年法律编纂馆开馆继续进行,该馆两年后更名为修订法律馆。

刑法典完全模仿新的日本法典,而日本法典又几乎照抄德国法典。负责起草新法典的是(特聘的)冈田朝太郎,他是东京帝国大学法学教授、日本刑法权威(雷诺兹[Reynolds],1993:182—183;Yung,1925:126)。他的草案于1907年呈递皇上,随后分发给高级官员讨论。该草案受到了高官显宦们的强烈批评与抵制,他们尤其批评它违反了中国社会政治秩序的原则(体现在"礼"上)——对冒犯统治者、上级和尊长的行为没有予以足够重视,或处理太宽大。清政府没有颁布此草案。①

民法典也是假日本而仿自德国模式,其头三编——"通则""债权""物权"由松冈义正编纂,他是承担此任务的东京高等法院法官;后两编——"亲属"和"继承"由两位中国法学工作者朱献文与

---

① 有关高官显宦们反对草案的奏折内容,参见《清末筹备立宪档案史料》(1979,1:854—872)。有关全面的叙述,见梅尔(Meijer,1950)和程(Cheng,1976)。杨幼炯(1936)与梅尔在某些事实与日期上有出入,总的来说梅尔较可靠,但他和我一样无缘得见清末刑法草案原稿,他依据的是民国元年临时政府颁布的略经修改过的版本。

高仲和编纂(雷诺兹[Reynolds],1993:184;杨幼炯,1936:73;以及Yung,1925:126)。头三编起名为《大清民律草案》,于1911年10月26日呈递皇上,正值清王朝倾覆前夕。清政府也没有颁布此草案。①

因此可以理解,以往的学术研究将注意力主要集中在新法典的起草上,因为从很多方面讲那都是清末法律改革中较显著的部分。例如,马里纳斯·梅尔(Marinus Meijer)就把清末改革者草拟现代法典的努力以及这些努力所遭遇的保守势力的反对作为他研究的主题。虽然他注意到了修订旧法典的工作,但却没有留意那一修订版法典所具有的民事内容,也没有留意它在民国前二十年的作用。因为他的重点,如其书名所示,乃"中国现代刑法的引进",约瑟夫·程的博士论文也是如此(Joseph Cheng,1976)。至于迈克·范·德·沃克的早期著作(Mark Van Der Valk,1939),几乎完全集中在1929—1930年的国民党民法典及其多部草案上,只是顺便提及了一下过渡期中采用的法典。②

修订工作在一段时间内按部就班地进行。1905年,经沈家本和伍廷芳的提倡,某些最受现代观点反对的旧式刑罚被废除,这些刑罚包括凌迟、枭首、戮尸及刺字(黥面)。③ 两年后(1907年),废

---

① 此草案文本很容易找到。
② 迈克·范·德·沃克,1939:33—34。迈克·范·德·沃克坚持前现代中国的法律主要需以"礼"的概念而不是以法典的条文来理解。他批评杰罗捷·贾米森(George Jamieson,1921)对家庭法的研究(在我看来是最好的早期研究)过分考虑清代旧法典的文本及其具体内容。(Mark Van Der Valk,1939:14)
③ 梅尔,1950:26—27;杨幼炯,1925:125。英文原作使用的是卜德(Bodde)和莫里斯(Morris)的英译(1967:93,97),我认为比梅尔的翻译要更优美。

除用于区别满人、汉人的条文,不再使用与六部(旧法典文本)相对应的节标题,只留下独立存在的章标题,像"田宅""婚姻""钱债"与"市廛"(《大清现行刑律》,1909:前附奏折)。又过两年(1909年),奴隶作为法律认可的等级被取消(梅尔,1950:45—47)。当年下半年10月12日,法典全文呈交皇上请求批准。由总理大臣奕劻领导,经作为新法监督机构的宪政编查馆(1907年设立)评议,经修改后该法典正式通过并获颁布。此一《大清现行刑律》1910年后成为全国的法律(同上,第45—47页)。

法律改革者此时已经认为刑法和民法是法律中两个分开的领域,就像他们努力起草分别适应民事、刑事的分开的法典,以及王朝末年进行的新的制度变革所表现的那样。不过,在单独的(民)法典颁布之前,他们显然是想用修订过的"刑律"来涵盖民法,1910年他们仍暂时保留旧词"刑律"。

民国对经过修订的《大清律例》的援用

民国临时政府1912年起将刑法和民法完全分离开来。刑法方面,政府将晚清全部起草好但并未颁布的刑法典施行为法律,《大清律例》的旧刑事条例也就此废止。新刑法典对晚清的草案只做了些许变动,主要是把提到"清朝"的地方改成"民国"。草案的名称易为《暂行新刑律》(全文见《六法全书》,1927)。这部极力模仿德国范本的新刑法典在概念和语言上与清代旧法典和其修订本均大不相同。名称中的"暂行"一词表明时人有意在一定的时候取代它,正如国民党最后在1928年所做的那样。

虽然清末改革者也起草了《大清民律草案》,但新政府并未采用它,而是选择了1910年颁布的修订本清代旧法典的民法部分,仅对名称做了改动(去掉"大清""刑事")。修订本清法典中的"民事有效部分"保留在《现行律》中,作为民国的正式民法一直沿用到1929—1930年。①

于是我们看到民国初期一方面在刑法上使用了新式的模仿西方的刑事法典;而另外在民法上却援用了旧式(删剩的)法典,这是一个反直观的组合。更加出乎人们意料的是,此组合因旧法典而自称为"刑律"。

结果,这样的状况引起了不少误解。即使是权威的商务印书馆也错误地将民国初期的民法等同于清末起草的民法典。在号称由新法律的权威汇编的《中华六法》(出版于1913年)中,编纂者虽然正确地指出了清代未通过的刑法典草案作为民国的刑法,仅有少许语言上的改动,以适应民国新的政治形式,但却错误地断定民国政府同时使用了清代未通过的民法典草案———一部与实际援用的法律大相径庭的法典。尽管存在这一严重错误,《中华六法》在1913—1927年间还是再版了不下16次。

商务印书馆编辑的错误,也许可以首先追溯到沈家本和他的法律改革同行们同时进行的两项工作,新法典的起草较为激进与引人注目,也因此更广为人知;而对旧法典的修订,几乎没有引起什么注意。既然这样,那就容易做出新起草的民法典被新政府采用作为民国的民法的假设。清代旧法典自我表达为刑法典,很少

---

① 第一编至第三编于1929年颁布,第四、五编于1930年颁布。

考虑"细事",毫无疑问也引起了人们的误解。沈家本在经过修订的旧法典里保留了"刑律"的名称,在他看来,采用哪个名称不过是权宜之计,因为他期望马上颁布分开之后的民法典与刑法典。然而对外行而言,1910 年修订本法典名称中的"刑律"一词使其愈加显得不可能是民法的来源。

最后,既然已经改朝换代,人们就有理由期望新政府会采用全新的民法典,就像它已经采用了新的刑法典一样。新政府采用旧王朝"刑律"的部分作为其民法,这完全出乎人们的主观想象。为什么新政府会指望可以把旧的"刑律"当作民国的新民法?更合理的猜测应是新政府将编纂自己的法典。而且新的民国最高法院(即大理院)在某些判决中超出了修订本清法典的民事条例(也就是说,超出《现行律》),引用了未曾颁布的新法典草案中的条例,这只会使人们更加困惑。①

当然,新政府在民国元年(1912)决定保留修订本清法典中的民事条例,与清政府 1910 年保留它们的原因一样:全新且极不相同的新法典还未经试用,而经过修订的旧法典则考虑到中国的现实,允许有一段过渡时期也许更行得通,过渡期内由最高法院选取新法典中的部分予以试行并依实践的反馈做适当的修改。这正是随后二十年民国政府所遵循的策略。

然而新政府并没有把这些问题向民众讲清楚,因而加剧了民众对法典的困惑。在民国元年 3 月 11 日的《临时大总统宣告暂行

---

① 范·德·沃克(Van Der Valk,1939:32—34)对大理院如何援用草案做了很好的分析,甚至超越了草案的法律原则,认为预示新法典的出现。然而务请注意,他的"现行法律"指的不是修改过的清代"现行律"而是国民党民法典。

22

援用前清法律及暂行新刑律令》中,新政府的确提到过这个问题,该法令规定"现任民国法律未经议定颁布,所有从前施行之(民事)法律及新刑律(刑事法律),除与民国国体抵触各条应失效力外,余均暂行援用,以资遵守"(转引自杨幼炯,1936:101)。显而易见,这段话的含义并不十分清晰,特别是因为原文中并不含我在括号内加注的说明。

最高法院在民国三年(1914)做出的一个说明稍微清楚一点,它常被标准的中国法律史教科书如杨幼炯的书所引用。该说明写道:"前清现行律关于民事各件,除与国体及嗣后颁行成文法相抵之部分外,仍应认为继续有效。至前清《现行律》虽名为《现行刑律》,而除刑事部分外,关于民商事之规定,仍属不少,自不能以名称为刑律之故,即误会其已废。"(杨幼炯,1936:101—102)即使像这样的说明也并不完全清楚,更不用说"权威的"《六法全书》了,难怪连有些法官和律师都对这些事情搞不清楚。

清代法典中的民事条例

简述一下清代法典中的民事条例,将让我们看清楚它们是怎样被当作正式法律使用的。它们其实差不多涵盖了大众经常争议的多数领域。如上所述,在名为"名例"的总则后,(未经修订的)清代法典依六部列为六编:吏律、户律、礼律、兵律、刑律、工律。几乎所有的民事条例都在"户律"编内,它占全法典436条律文(此数目自1740年即固定下来)的82条,及薛允升编纂本(约1905年)

23

1907 例中的 300 例。①

"户律"编又依次分为七章:"户役""田宅""婚姻""仓库""课程""钱债"与"市廛"。② 当然,从现代民法角度看,最重要的几章是"户役"(它包括了绝大多数与继承有关的条例)、"田宅"、"婚姻"与"钱债"。这四章占到全编中约半数的律(82 条律文中占 46 条)和例(300 例中占 140 例)。

这些律例的绝大部分仍置于刑事惩罚内。几乎所有条例采用的形式都是禁止某某行为并注解违法的特定处分,而不是明言的、确定的原则或权利。于是,1929—1930 年国民党民法典所称的"不动产权"包括禁止他人侵入自己土地的权利(第 790 条),在清代法典中是根据对违反这些权利的惩罚来排列的,特别是盗卖或侵占他人土地(或房子),处罚的轻重视争端中财产价值的多少而定(律 93:盗卖田宅)。③

国民党法典继续在"物权"编中专分一章给中国独特的典卖习俗,此章详尽地规定了典卖者与出典者双方的性质、时限、权利与义务(第 911 条至第 927 条)。与此对比,清法典把所有这些放在一条律文下(律 95 典卖田宅),它首先规定对在此类交易中不纳税的不同等级的处罚,然后列出对各种违反典约行为的处罚。

与此类似,国民党法典所说的"债"乃通过"契约"所受的约束,以及债权人向债务人索债的权利(第 199 条),清代法典则在"违禁

---

① 见黄静嘉序薛允升,1970,1:35。修订本清法典绪言提到 1870 年有 1892 例(《大清现行刑律》案语,1909,凡例:1)。
② 这里英文原作的翻译基本以卜德和莫里斯(1967:61)为准,但有少许修改。
③ 全书笔者都使用黄静嘉所做的编号体系,包括修订大清法典的讨论。

取利"律(律149)中对欠债不还规定有不同等级的处罚措施。而国民党法典规定订定、解除婚约的合法条件,清代法典则规定对违反合法定婚程序如再许他人、妄冒他人或违期不嫁等的处罚(律101)。最后,国民党法典规定合法"继承人"承继财产的权利(第1138条至第1146条),而清代法典则列出了对违法立嗣(律78"立嫡子违法")的处罚。

更有甚者,当清法典以允许什么而不是禁止什么的正面方式做出规定时,它一般仍然将这些条例置于该受罚的违法行为之列。如例78-5提到倘若一对无嗣夫妻与其血缘最亲近的侄子(法律称为"应继")关系处不好,他/她可以选另一关系比较远的侄子为嗣。正如白凯指出的那样,这是一则非常重要的条例,它赋予无嗣孀妇择嗣的极大自由与权利(白凯,1999:第二章)。此例的目的在于既考虑真正的亲属关系,又允许人们不一定要依照前一例中制定的严格的等级秩序选嗣。此目的不能简单地根据违反某条例来表达,因此有正面的说明。不过立法者仍然在此后按照法典的惯例规定,如有亲族成员想把他们的意愿强加于无嗣孀妇并引起争端导致诉讼的话,他们将受到处罚。

与此类似,针对典卖土地,清法典明确规定凭"绝卖"契约出售的财产不能回赎,但如果契约上没有说明绝卖则土地可以回赎。如果有谁典卖了他的土地且没有能力回赎它的话,他可以要求买方一次性支付(绝卖)市价与典卖价之间的差额(即"找贴")。法典然后规定那些未遵守这些条例而引发讼案者将受到处罚(例95-3)。

把法律设计为以刑罚为主的做法贯穿整部《大清律例》。"户律"编中最重要的四章的140例,除了11例,都明确地提到处罚。

正是基于这一原因,那些杰出的前辈学者如卜德和莫里斯也得出结论说清代法律主要是一套刑法,而对民事几未留意。

然而该结论与档案证据不一致。诉讼案件记录向我们展示的是,清代法律体系实际上经常处理民事案件,一个县令所处理的全部案件中可能有三分之一属于此类。并且当那些案子进入正式堂讯阶段时,县令们一般会依法典进行判决。在此类判决中,他们通常会遵循虽非明言但仍然十分清楚的原则行事。例如,欠债不还要受处罚的规定,毫无疑问既表明欠债人还贷的义务又承认债权人追贷的权利(黄宗智,1998)。

清代法典中民事内容最清楚的证据,也许是不含任何处罚规定的11则条例。所有这些条例——其中7则与继承有关,4则与婚姻有关,都可以追溯至明代法典。虽然条目较少,但它们在实际法律实践中却有巨大的影响。

关于分家,第87条律文以禁止父母在世时分家开头,但例87-1在重复了主律条文后继续写道:若父母许可则可以分家。这里没有提到处罚。在现实社会中,农家最常见的形式是父母去世前分家。此习俗由法律承认,前提是要父母同意。例88-1继续说明分家时的财产处理问题:无论嫡出、庶出,或与奴婢所生,所有儿子一律分得同等份额。这是社会现实中的一般惯例,它既影响了法律条文,也受到其认可,被赋予法律上的正当性。这里也没有提到处罚。

例88-2进一步规定,如果某户既无儿子,也没有合适的继承人,则其女儿可继承财产。而且例95-1规定,分家五年之后,或分家系依有亲族见证的分书妥为进行,则任何人不得再就此事的争端提起诉讼。如果此家庭财产的一部分已被合法出售,且有正当文件,则不允许要求回赎。① 这些条文没有提到任何处罚,比较接近现代民法典的写法。

关于继承人的选择与此相似,法典规定,如果没有亲生子,继承人可首先从五服内的侄子(即侄子、堂侄子、再从侄子)中依亲疏顺序选择,然后从更远的父系族侄中进行选择。一旦继承人确定之后又得子,此子与选定的继承人平分财产(例 78-1)。不再醮的孀妇可以承继亡夫的财产并可经由族长选择合适的继承人(例 78-2)。假使双亲或单亲不喜欢选定的继承人,可以再选一个,只要不违反相应的辈分秩序(例 78-3)即可。这些条文也没有提到任何处罚。

最后,婚姻问题。例 101-1 规定婚姻要由祖父母、父母或其他亲戚(如果没有祖父母、父母的话)安排和监督("主婚")。例 101-3 规定招女婿(入赘)——像嫁女儿一样——需要有媒人作中。继承人必须在同系内确定,家庭财产应该在他们之间平分。例 116-1 规定为公公婆婆守孝满三年的妇女,或与丈夫一起发家者,或无娘家可归者,不得被"休"(哪怕她犯了法律规定可休的"七出"②之一)。最后,例 116-2 规定如果妇女在婚约缔结五年内还未被迎娶,或已婚丈夫潜逃三年,则该妇女可以再适他人(需官方许可)而其家庭不必返还彩礼。

即使是那两则有关禁止的条例(例 95-1,例 116-1)也没有提

---

① 因与出售和回赎土地有关,此例被放在"田宅"章而不是"户役"章中,但有关继承的主要条例都在"户役"章内。
② 即无子、淫佚、不事舅姑、多言、盗窃、妒忌和恶疾。

27

及处罚。明清立法者们当然可以很容易地对这些受禁行为规定处罚。即使在明确陈述的条文中,他们原本也能做得像在其他如例78-5、例95-3和例95-7中那样,借申述那些漠视规定的兴讼者将受惩处而把民法条文包裹在刑罚外衣下。为什么当时的立法者在处理这些事务时未提及处罚?

部分解释可能要从官方意识形态中寻找,它认为家庭间纠纷最好留给社会自己解决,国家法律系统最好不要介入。该意识形态在一个以刑事处罚为主的法典中为纯粹的民法条款提供了存在空间。国家在这里只规定它所认为的合适的社会准则,执行这些准则是社会而不是国家的考虑。其他以刑事方式表达的民事条例则不同,国家以禁止、处罚某些特定行为为已任。

清代的"细事"最接近于我们现代概念中的"民事"范畴,实际上应该理解为包含了两个概念:一个是国家法典以处理刑事为主的概念的延伸,细事即那些涉及相对小或轻刑罚的违法行为。另一个是社会应该自我管理和协调的意识形态的延伸。"细"的纠纷应该由社会自身用其调解机制解决,国家不一定必须介入。这两个概念在清代法典中都有所表达,一个解释了刑事形式中的民事条例,另一个解释了不带处罚的民事条例。

如果我们把清代法典与民国法典及其他现代法典相比,最引人注目的对照或许是它们各自的概念前提。正如我在别处证明的那样,清代法典中几乎所有民事条例的出发点都是笔者所称的官僚-世袭家长统治主义,统治者的权威在理论上是绝对的。民事条例因而不能导源于"权利"(不管是神授、"自然",还是民间社会对专制主义的反抗);相反,它们由世袭的统治者赐予。据此可以得出惩罚的论调和方法:统治者规定什么是对、什么是错,并制定对冒犯行为的处罚措施。在没有制定处罚的地方,如纯粹的民事条例,统治者表示与自己无关而把这些"细事"留给社会。国家法律从未承认任何高出君主意愿及有悖国家专制的东西,亦即由法律保障的不可侵犯的权利。

　　清代法典总的概念结构,实际上不允许国家权力与个人权利或社会总体权利之间的任何对立,而那样的对立正是大多数现代民法典的基础概念。政府被比作父母(有全部权力),属民被比作孩子。这一政治意识形态来自家庭和睦的道德理想。对清代法官而言,说国家与公民社会间的对立就像说父母与孩子间的对立一样不可思议。因而在理论和正式表达层面,我们当然可以得出这样的结论:清代法律中没有"权利"这样的东西(黄宗智,1998:第8、9章)。

　　但该结论仅是事情的一个方面。在法律系统的实践中,法庭一贯保护和坚持合法的所有权、土地买卖、借贷契约、婚约及继承。法庭的态度虽然不是要维护权利,而是要执行规章,然而从涉入纠纷者的立场来看,两者的实际结果相同:法庭乃人们要求保护和执行合法要求或"权利"所凭借的法律手段。尽管清代法典中缺乏类似现代"权利"这样的明确概念,但仍有许多诉讼当事人凭借法律系统而得到对抗违法行为的保护,实际结果就像现代诉讼当事人寻求维护他们的权利一样。大清律例有许多条例指导县令裁决这样的案件,这就是笔者所称的清代法律中的民事层面和内容,这也就是修订本旧法典可以当作民国初期的民法使用的原因。

清代法典的更改

1910 年颁布的修订本《大清现行刑律》把每律每例与提议改动的地方及对这些改动的解释列在一起。就我们的目的而言,基本的研究对象还是上节讨论过的四章法律规定,它们含有大量的民事条例。在这四章的 46 律并 140 例中,4 律并 61 例被删除,40 律并 40 例被修订,2 律并 39 例保存未变。

删除的条例基本为三类:第一类是那些帝国政策已改变但仍被保留在"文本上"因而变得有时代错误的条例,其中主要是有关劳役的七条律例(81、81-1、82、83-1、84、84-1、86)。正如修订本清法典的编纂者们所指出的那样,在康熙五十年(1711)诏令"滋生人丁,永不加赋"及雍正年间(1723—1735)"摊丁入亩"之后,这些实际已不再存在。另一大组律例与 1905 年废止的考试体制有关(76-11、76-20、76-21、76-23、76-24)。同属于此类型的还有例 77-76,说明向和尚道士发放证书(度牒),此做法在乾隆年间(1736—1796)即已停止;以及例 76-25,规定将刑事犯发配黑龙江为奴,而在五十多年前此刑罚已改成发配内陆地区。几条重复的杂例也被删除(149-2、150-1)。

第二类删除的律例与区别满汉人口间的法律有关。正如沈家本和俞廉三在按语中解释的那样,1907 年曾有诏令规定法律上满汉一律平等(《大清现行刑律》按语,1909:3a—b),这样,76-8、76-14、76-15 及 95-11 诸例就不再有意义。

第三类与第二类有关,系一套旨在减少汉苗民族交往的特殊

第二章 清末民初的民法：修订过的《大清律例》

限制。依照沈家本等在每律每例所附注释中的解释，既然与外国人签订合同都已变得习以为常，那么93-11、117-3、149-6及149-7各例还在汉苗民间继续奉行旧的限制实在说不过去。

除了这些简单的删除，沈家本及其同事共修改了40条律并40条例，主要是改体罚为罚钱。如他们在修订律前的奏折中清楚指出，他们改笞杖100为十等罚金，80为八等，以此类推。对招致更严重的徒刑加笞杖刑的"民事"违法行为，他们一般去掉徒刑而将笞杖改为罚金（如79、92、99和117诸律一样）。①

显而易见，原先对民事违法行为的处罚框架基本被保留了下来。同时关于选嗣、分家、土地交易与典卖、婚约、债务的主要条例几乎未改，它们仍然按反面的禁与罚方法做出规定（只是现在依等级罚金而非用轻重竹杖打多少下），而不是按正面的方面说明权利。

法律改革者们所做的其他修订的程度相对要小。他们趁此机会删除那些有时代错误的条例（89-4），把文本写得更清楚（如76-2、77-4、91-6），或采用当时的语言（如75-1、77-3）及合并条目以使文字组织得更好（如105-1和112-4）。

最后，绝大多数保留未动的条例（二律并40例），属于关于继承（78-1至78-6、88-2）、婚姻、离婚、以暴力略卖妇女（101-1、

---

① 这些章中涉及有关触犯刑法的行为，如略诱妇女（101-4、112-6、112-7诸例）、买休卖休妻妾（例102-2）、霸占他人妻女（例112-3）等，笞杖刑废除，但徒刑期不变。有关更严重的处罚，如充军作为流放（"流"）的一种特殊形式被废除（90-4、95-3、93—8102-1等例），斩首（"斩"）（或更加严重的形式"死"）变为绞杀（112-2、112-5等例）。对旧刑罚最好的讨论见卜德和莫里斯（Bodde and Morris, 1967：第三章）。

31

101-3、108-2、111、112、112-1、116-1、116-2），以及土地典卖（95-1、95-3）的规定。① 这些资料包括前述 11 条无处罚条例中的 9 例。在其他两例中，例 87-1（重复律 87 禁止父母、祖父母在世时分家的条文）第一部分行间书写的"小注"将"杖刑"改为"罚款"，而例 88-1（关于诸子均分）中有关继承官荫的规定被删除。

清代法典中这些修订过与未改变的条例加起来有 42 律并 79 例，它们形成了民国前 20 年"现行律"的"民事有效部分"。

由此可见修订本清法典（《大清现行刑律》）是那个时代的产物。它保留了旧法典的刑法包装和概念框架，大多数民事条例以禁止和处罚方式表达。但这些仍是专制统治者发布的规定，而不是脱离和超越统治者意志的权利。于是，旧"细事"概念中（作为涉及较轻处罚的违法行为）的相当部分得以保留。只是该处罚不再是身体上的，而是金钱上的。较严重的违法行为仍然受到服劳役（"徒"）、流放（"流"）和绞死（"死"[刑]）②等严厉惩罚。

然而这些延续是伴随着重要的改变而出现的。修订本清法典在民事违法行为与刑事违法行为间定有明确的区别，不仅仅是处罚的轻重程度不同，而且是含蓄地采用了现代分类中与刑法相对应的"民法"。这意味着清法典（由其"民事有效部分"）暂代即将被采用的现代民法典，与已经采用的现代刑法典配套。民法和刑法于是清楚地区分开来。

此区别的端倪可以在清代"细事"的另一概念（即最好留给社

---

① 另一组主要考虑灾荒时的政府行为（91-1 至 91-15）。
② 刑部在 1903 年批准了一份计划，把"流"改为监禁，"徒"改为分配去监狱似的"习艺所"。见程，1976:114—118。

会自己去处理的事情,如家庭纠纷)中找到(在采用的现代西方模式之外)。在这种情况下,"细事"的意义接近现代中文词"民事",字面上讲是"民间的事",与关系国家的"刑事"亦即"(该由国家)施刑的事"相对。

修订本清法典中这些模棱两可的概念是容纳前面讨论的许多特殊民事条例的框架。虽然其像原法典一样采用负面的禁止方式而不是正面的权利方式,但这些条例在与财产、债务、婚姻和继承有关的事情上对什么是合法、什么是非法,观点鲜明。而这四类问题正是普通民众间主要民事纠纷的内容,也是现代民法典中涵盖的主要议题。这些部分现在从旧法典中被抽出来作为"现行律"的"民事有效部分"。

总而言之,很清楚,修订过的法典所代表的既非自清至民国的突变,也非以往做法的简单延续。从这个意义上说,它真正是一部过渡性文献,既源自旧的法典,又期待新的法典。

第三章　清末民初司法制度的改革

　　清末起草的新法典没有一部能获颁布,因为它们遭到了强大的保守势力的抵制。实际上,直到国民党1929—1930年的民法典和1930—1931年的民事诉讼法典之前,没有颁布任何新的实体法或程序法。因此如果只看法典历史,可能会产生这样的想法:尽管法律改革者们在起草新法典上做了大量的努力,但直到20世纪30年代以前,民事法律制度实际改革极少。

　　然而,仔细研读1907年、1908年发布的行政条例会发现:虽然法典本身并未颁布,但1906年呈递皇上的刑法典草案和民事诉讼法典草案中的大多数程序性和制度性条文实际上已经付诸实践。行政条例的发布没有大张旗鼓,也没有遇到强烈的反对,结果建立了一个具有新的人事和程序的全然不同的法院系统。尽管把民法视为"细事"的旧概念方式仍保留在1910年修订过的《大清现行刑律》中,但已经要求明确区别民事案件与刑事案件、法院处理民事与刑事的部门。司法权力要从行政权力中分离出来,并要求设置新的职业法官及辅助人员。有了新的标准化的收费,人们更易走进法庭。人们可以合法雇用法律顾问,这为创立现代性法律职业铺平了道路。这些变化合在一起使民事诉讼完全走出了长期以来被认为是"不应该有"的阴影,它们从根本上改变了法律体制的性质。到国民党法典颁布的时候,这个新的制度体系已经在相当程度上存在了。

这些始于清末最后几年的变化很容易被忽视,因为它们是在行政改革的大背景下平静地进行的。以往学术研究的注意力多集中在更激进地起草新法典及其所遭遇到的顽强阻力上。本章从诉讼(程序)法草案,亦即首部呈递皇上的新法典开始,然后考察新的行政条例及其贯彻情况,以及它们在民国时期的发展。这个过程与一般的直观概念相左:制度和程序的变化出现于成文诉讼法和实体法颁布之前,而不是其后。

清代旧法律制度和诉讼程序与现代西式法律制度和程序之间的差距,实际上比新旧概念结构之间的差距要容易弥合得多。实践上的变化因而先于理论上的变化,激进的制度改革先于成文法律的变化。直到国民党掌权之后,理论变化才赶上实践变化。

晚清司法行政改革

在1906年4月25日改革者们向皇上呈递第一部法律草案时,沈家本在其前附奏折中特别提到,他们在《刑事民事诉讼法》(见《大清法规大全·法律部》,卷11:1—15)中做了三个大的改变。第一个是将民事与刑事案件明确分开:"凡叛逆谋杀故杀伪造货币印信强劫并它项应遵刑律裁判之案为刑事案件"(第2条),而"凡因钱债房屋地亩契约及索取赔偿等事诉讼为民事案件"(第3条);第二个是引进陪审制度,即从社会上有地位的人中挑选合格的人员作为陪审员协助法官办案,因"司法者,一人知识有限,未易周知,宜赖众人为之听察"(第208—234条);第三个是使用律师,这些人必须在新式法律学堂经过系统的培训并经考试合格,作为诉讼当事人的代表和代言人,他们将成为法律体系中一个重要的组成部分(第199—207条)。

多少有点令人惊奇的是,当发给高级官员们草案并听取他们意见时,沈家本的三个主要"程序性"观点未遇任何直接阻力。实际上,将民事案件从刑事案件中分离出来及推行职业律师的体制并无多少鼓吹与反对就被接受并执行,只有陪审制度的提议胎死腹中。该制度似乎根本就未受到重视,它在中国法律改革的日程中渐趋式微,既无对其认真施行的企图,也无认真之反对。①

相反,引发官方反对的是两个未予明言的观念,它们在沈家本的考虑中处于相对边缘的地位。官方的反对由(1907年将出任总理大臣的)张之洞领导。张之洞在其呈交朝廷的针对法律草案的奏折中反对此草案,认为它违背了儒家礼教的基本原则,他特别提

---

① 该提议可能主要出自曾在英国林肯律师学院(Lincoln's Inn)受训的伍廷芳,他与沈家本同任修订法律大臣(直到1907年)。尽管沈家本在呈递草案后不久也对陪审制度表示明显保留,但在为《世界"审判制度"》(由沈在法律编查馆的两位同事同年出版)所写的序言中,他把陪审制度等同于英美法,并认为它伴随着民主政府的发展而发展。他强调不同国家有不同习俗,需要实行不同的制度(沈家本,1985, 4:2236)。我们已经看出,沈自己的倾向是从一开始就多关注民法的大陆(特别是德国)传统。

到"父子必异财,兄弟必析产,夫妻必分资"以及"甚至妇人女子,责令到堂作证"的观念。在张之洞看来,这些观念违反了支配家庭关系的基本道德原则。按照他的说法,该法律草案"袭西俗财产之制,坏中国名教之际,启男女平等之风,悖圣贤修齐之教"。(张之洞,无日期:2—4)

对一部侧重诉讼程序而非实体法的草案文本来说,这些反对是相当令人惊讶的。仔细考察之后我们发现:在张之洞看来,冒犯的段落只可能是第 130 条和第 242 条,不是它们明确所言而是被它们视作理所当然的前提违反了基本道德原则。第 130 条出自处理没收财产执行民事判决的章节,它规定被告妻子、父母、兄弟及孩子的财产不受影响。很明显,这里的先决概念是财产属于个人所有,不涉及父子或夫妻关系。第 242 条出自"证人"章,它规定可以传令官员及其妻子到庭作证。该条的前一条规定只有未成年人与精神病人方可免为证人,其明显的先决条件是男女之间(或官民之间)没有差别。这些未予明言的前提概念正是张之洞认为与儒家礼教背道而驰的东西。

这两个观念——个人而非家庭财产所有权及男女平等,不过是诉讼(程序)法草案的附带部分。但它们确实标示了当时正在起草的新民法典中将要表现的东西。因系提交讨论的首部草案,诉讼法草案受到了激烈攻击。尤其是张之洞的反对起了决定性作用,因为他(在与刘坤一的联合奏章中)是法律改革的主要提倡者,沈家本和伍廷芳受命为修订法律大臣也出于他(和刘坤一与袁世凯)的推荐(Cheng,1976:53—69)。也许是因为对诉讼法典的强烈反对,沈家本推迟递交民法典草案,并且只提交了它的头三编,包括引起争议的第三编"物权",但未包括更有争议的第四、五编"亲属"和"继承"。

那时(1911年11月26日)清王朝已处在风雨飘摇之际,行将崩溃,没有时间把草案分发给高级官员们征求意见。但从对诉讼法典的早期反应,我们可以想象对全草案的反对肯定会十分激烈。

无论如何,张之洞及其他人的反对使在清王朝倾覆之前甚至连一部程序法典也不可能获得颁布。修订本草案于1910年完成,此时是两部分开的文本:民事诉讼律草案和刑事诉讼律草案,但它们几乎不可能被采用。像1906年的草案一样,它们是有意从与个人产权所有和男女平等等有争议的原则出发的民法典配套。直到(以1910年草案为基础的)新的诉讼条例(1921年)①和新的诉讼法(刑事诉讼法,1928年;民事诉讼法,1930—1931年)正式颁布,诉讼法典一直还只是一个书本草案。(至于国民党民法典,我们记得,要到1929—1930年才颁布。)

如果只盯着成文法的变化,我们将会认为旧的制度在民国初期几乎未受触动。但案件记录表明:早在1910年,相当多的县已经把民事庭和刑事庭适当分开,各庭有自己的人事、表格和收费细目。这些变化只能通过回顾始于清末最后几年的司法行政改革来理解。

1907年暂行规则

虽然新的民事诉讼草案未获颁布,但它的许多中心提议却以

---

① 次年在全国范围施行。

行政命令的形式得到贯彻施行。张之洞自己在其反对法律草案的奏折中就建议:在采用合适的法律之前,先发布某些没有问题的章节作为暂行章程(张之洞,无日期:4a)。经皇上俯允,1907年12月4日新法部果真发布了一套《各级审判厅试办章程》。法部在其按语中指出,这些规则在袁世凯直隶总督任内(1901—1907)草拟并在天津府试行。1906年草案遭遇反对后,袁世凯奏请急饬暂时采用天津章程并由将于1908年建立的新法庭试用。①

1907年的这些规则开宗明义地说清楚了区别民事案件与刑事案件的实用性原则:第1条规定"凡因诉讼而审定罪之有无者属刑事案件",而"凡因诉讼而审定理之曲直者属民事案件"。换句话说,民事案件是那些不需要判定是否有罪(及由此导致的惩罚),而只需依照法律判定哪一方对、哪一方错的案件。尽管这还不一定是成熟的理论概念,实践中却也够用了。

这一区别与清代"细事"的两层含义之一,即把"细事"等同于导致轻罚的违法行为(与"重案"相对应)相背。它秉承的是"细事"的另一层含义,即诸如此类的事最好留给社会自己去处理。后一观点比较容易导致20世纪视"民事"为"民间的事"的概念,只是现在国家自己要去对这些事进行裁决。

进行民事与刑事界限的划分后,章程接着以120个条款概括了适用于两类案例的某些截然不同的诉讼程序。如第1415条对第1条做了更进一步的阐述:允许民事厅发出传票,但其无权逮捕或搜查。第38条规定民事厅和刑事厅以不同形式进行判决:民事判

---

① 条例文本及前附奏折见《大清法规大金·法律部》,卷7:5—10;亦见1911年《新法令辑要》(页码不连续)。

决要给出证明理屈的缘由,而刑事判决要给出证明犯罪的缘由。第41条清楚表明执行民事判决的方法,如查封欠债人物产、利用此物产的利息收入(抵偿欠款),或将其拍卖抵债。第46条规定:在刑事案件中,检察官通常必须是对罪犯提起公诉者,"但必须亲告之事件(如胁迫、诽谤、通奸等罪)不在此限";而在民事案件中,原告或他或她的代理人必须是提起诉讼者。第50—51条提供了针对民事和刑事案件设计的不同的起诉状纸。① 最后,第17条特别规定法庭的传票和许可证须由不同的官员执行:若是刑事厅,由检察官或司法警察执行;若是民事厅,由承发吏执行。

其他条款详细地开列了民事案件的收费标准。如果争执中的财产价值在100两(银)以下,法庭会收费3两(即3%);500两以下收费10两(即2%);1000两以下收费15两(即1.5%)等(第87条)。对一般性的民事案件,填写文件的服务收费标准为每百字0.05两(五分)(第90条),传票的标准为十里以内收费0.10两,每增加五里多收0.5两(第92条)。作证的费用为每到庭一次0.50两(第93条)。如此等等。法律改革者明显期望法庭能通过这些收费自己养活自己,一如过去的法庭那样;区别在于现在收费应该标准化而且完全合法化了。②

---

① 在此以前,中国许多地方已使用印制状纸,但这些状纸在地区间差异很大(对宝坻、巴县及新竹诸县状纸利用的讨论见黄宗智,1998:109—110)。缺乏统一性很容易导致滥用。新的规则通过将状纸和收费标准化会大大改进司法管理(同上)。
② 后来,1908年发布《诉讼状子通行章程》,明确列出了12类起诉状及其收费。法部——负责印制、分发表格——得到销售收入的一半以支付其费用,地方审判厅(庭)分得余下的部分(《诉讼状子通行章程》,1911)作开支之用。

1908年法院编制法

紧随1907年"暂行章程"的,是1908年的"法院编制法"。此法原先由沈家本提出,现在由宪政编查馆公布,该馆如前所述系创立于1907年并被授权评估和发布所有法律。该编制法把法庭归为四个层级:初级审判厅、地方审判厅、高等审判厅及最高法院(大理院)。在地方审判厅及以上各级审判厅,民事厅与刑事厅分设(《法院编制法》,1911:第1—5章)。

该编制法也清楚地列出了某些用于分开司法权力和行政权力的详细准则。在既存体制下,县令兼县法庭法官之职(有刑名幕僚协助)。该功能现将由职业法官即推事实现,这些人应从新式"法政学堂"的毕业生中经考试录用。成功的候选人将成为"候补推事",经两年在职训练及第二次考试合格后,一有审判员职位开缺即可填补(同上,第12章)。

在中央一级,最高法院(大理院)行使类似的独立权力。在事涉死刑的案件上,大理院有终审权,无须与法部协商。法部只参与行政事务(如考用法官、划分司法区域),而将审判全权留给大理院(同上,前附奏折)。一份附加的《法官考试任用暂行章程》规定了法学院毕业生能在就职前选择法官的过渡标准。它规定拥有举人功名者、七品或以上级别文官,以及"品行端正、学养深厚的旧式刑名幕友"均可参加推事职位考试。考试内容包括大清现行刑律,加上在用的其他法律和暂行章程,以及外国法典。很明显,推事之职被预想为具有相当高的地位,在头衔与官阶上与旧的县令等同(《法官考试任用暂行章程》,1911)。

《法院编制法》并未详细提及诉讼中如何使用律师；原来的用意是让它伴随诉讼法草案施行，而该草案在其第 110 条中特别提到诉讼当事人有权使用律师。尽管正如我们已经见到的那样，新的民事诉讼法在很长一段时间内并未颁布，《法院编制法》却简单地视律师的存在为理所当然。于是，第 64 条规定如果一个律师在法庭上"言语行动如有不当"，法官可以"禁止其代理辩护"。而第 118 条及第 119 条规定在职律师可以取得高级审判厅的推事资格（高等审判厅需 5 年工作经验，最高法院需 10 年工作经验）。

　　"律师"（字面意义乃掌握法律或法典的能手）一词是近现代中国少有的几个不是从日语借用的法律政治术语之一。正如沈家本在其 1906 年民事刑事诉讼法草案前言中解释的那样，日本人用"辩护士"一词传达一个在法庭上代表被告并为其辩护的专家的含义。他说他自己倾向于用中国术语"律师"。沈没有明说他的理由，但很可能部分是因为"律师"一词颇符合现存用法，且遵循"医师""法师""厨师"，甚至"讼师"（字面意义为"诉讼高手"）等的造词原则。然而，"辩护士"传达的仅是为防卫而辩论的有限意义，而且"辩护士"之"士"乃"文人学士"之"士"，非"能手（师傅）"之师。综上，"辩护士"一词用于中文中其实显得有点别扭。

　　无论如何，晚清改革者的话语中一般都使用"律师"一词，不带旧术语"讼师"（清律认为是"教唆词讼，为害扰民"者，例340-4）和"讼棍"（清律认为是"串通胥吏，播弄乡愚，恐吓诈财"的人，例340-6）的贬义。这是一个容易被接纳的术语，很大程度上就像新的法庭编制那样。它被轻而易举地采用，预示着一个新法律体系的产生。

这些编制法虽然对法律制度进行了根本的改组,但它们并没有遭到太大的反对。对保守派如张之洞来说,儒家意识形态的最基本原则正处在存亡攸关的时刻,他的激烈反对迫使其改革同僚们保留清代旧法典的概念与结构。但行政管理上的变化则完全是另外一回事。作为一名务实的行政官员,像清朝许多其他官员一样,由可称之为"实用道德主义"(黄宗智,1998:196)所引导,张之洞更愿意接受实用的观点和纯粹的制度改革,因为它们不会威胁到他的儒家道德世界。因此,尽管在民法的概念和自我描述上仍墨守成规,但清政府在其最后几年启动了这些朝向西式的法律体制的变革。

贯彻新的法律体制

发布于1907—1908年的规则与编制法是一回事,让它们生效则是另一回事。新的制度和做法在全国推行需要几十年的时间,而且即使如此,(推行)也是在核心地区多于边缘地区。最后的推动来自新的国民党政府。在过渡时期中,北洋政府(虽然军阀政府一个接一个走马灯似的换,但在法律领域却表现出基本的连续性)做了相当的努力,特别是在1917年,尽管其成效不及晚清改革或1927年后国民党的积极推动。

建立新的法院系统

新《法院编制法》取得了某些初步成功,至1912年在全国不同地方建立了124个地方法庭(这些法庭,称作地方审判厅,通常管辖一个以上的县。该数字也包括这些审判厅的分厅)。另外,有179个初级审判厅,主要建立在单个的县(《申报年鉴》,1933:3)。然而,因人事与经费困难,新的系统在有些地方一两年内即告瓦解。1914年初级审判厅并入地方审判厅,不少县干脆把地方审判厅一块废除,恢复由县令兼任法官的做法(同上,第1、3页)。例如,在今上海奉贤,审检所(地方法院在奉贤的名称)"因经费支绌"而于1913年中止并重新由知县兼管审判(《奉贤县志》,1987:271)。同样的情况于1914年发生在松江县(《松江县志》,1991:256)。到1926年,只有66个地方审判厅和23个分厅仍维持正常功能(《申报年鉴》,1933:3)。

国民党政府(掌权后)立即着手恢复这一切。为重新推动建立现代法院系统,它提出了一个计划,呼吁全国所有县份六年内建立地方法院。每个法院配备相同的职员:主法官(院长/庭长)与三位同僚(推事)、主检察官(首席检察官)及其副手(检察官)、六位书记员、一名检验吏(验尸官),以及十五名警察。计划允许有折中的县法院,即那些全员地方法院的缩小版,只有一半的规定员工。新系统独立于县长(即县令,由一直使用到1927年的"知事"一词演化而来)的行政权力之外。理论上它处于独立的自治管理的司法系统等级中(《申报年鉴》,1933:811)。

在六年期的结尾,一份1933年的记录表明哪些地方变化了,哪些没有变化。截至那时,全国(以1947年总共2045县来计算[官蔚蓝,1956])约一半的县(1021县)还没有纳入这一系统。在这些地方,县长继续像清代一样兼任法官。其他地方约90%的县完全执行新规定:有113个地方法院、74个分院及73个县法院(《申报年鉴》,1935:119)。在余下的县(107 个)里,案件由司法署处理。

司法署可以追溯到 1917 年,当时北洋政府命令迟缓的各县采取过渡性的步骤。司法署的检察官应由县令任命并在其领导之下,其审判官应由省高级法院任命并在其领导之下(《申报年鉴》,1933:1;1935:119)。

可能因其与重庆市的联系,巴县有一地方审判厅早在 1912 年即适当地分为民事厅、刑事厅。① 虽然如此,民国时期的档案记录显示,直到 20 世纪 20 年代晚期,许多原告继续向县公署提出民事控告。在那些案例中,县公署会写道:"……纠葛,系属民事,应赴地方厅起诉,本公署不能受理。"(例如见巴县,193.2:1431—1436,1912;193.2:1935—1939,1914;193.2:1341,1927)

与此不同,靠近北京的顺义县直到 20 世纪 20 年代末都没有建立新式法院。在民国初年,民事纠纷差不多以和清末一样的方法处理。案件仍旧送到县衙,但 1916 年之后民事与刑事案件已各自以不同的状纸明确分开。1919 年,遵照北洋政府 1917 年的命令,顺义设立了一个过渡性的司法办公处(民初此地叫"承审处",1913 年后易名为"司法公署")。该处官员(承审官)开始只有权过问民事案件(知事兼任检察官)并作为县令班子里的一员直接受县令的支配。1925 年,司法公署改为京师地方审判厅的分厅,因而从县衙中分离出来。其新式法官(推事)更独立于县长之外并对民事和刑事案件均有权过问。1928 年,分厅(称分院)被置于北平地方法院之下,1935 年它更升格为地方法院(《惯调》,1:304—310;顺义,

---

① 1927 年"审判厅"将易名为"法院",与民国计划一致。

3:281,1930)。

在其他县,特别是国民党势力范围之外的地方,旧系统基本保留下来。如四川的开县一直到1947年都没有设立地方法院。该县1929年确实设立过一个过渡性的司法公署,但据中华人民共和国成立后方志编纂者所言,此公署官员实际上"隶属行政权力之下"。公署中衔命的审判官虽然表面上对省高级法院负责,实际上不过是县长的"雇员"而"看县长脸色判案"。1930年曾试图将其改为县法院,但此努力在两年之内流产(《开县志》,1990:372)。

1949年亦即开县设立地方法院之后两年,新的司法机构与旧的行政权力之间的冲突通过一起惹人注目的事件表现出来。法院缉捕了(鸦片)烟贩王惠言,此人是县长曾逸手下第一科科长。法院曾出动警察将王劫走,引起法警政警械斗,县城宣布戒严。方志引述此事件作为"法政纠纷"的例证(同上,371)。

国民党政府在大力推行现代法院系统时明显站在司法独立一边,与清末改革开始的大趋势一致。当然其动机并非完全没有私心。把法官置于司法机构的领导之下,也就是把地方法院置于南京政府而不是地方首脑之下。这一考虑可能有助于解释,为什么蒋介石领导集团会允许或支持那些提倡法律现代化的人所要建立的具有高度司法自治的法院系统的存在。

总之,这些变化可以认为是令人遗憾的不足,也可以认为是惊人的有效。如前所述,在1933年国民党六年计划截止时,全国有多达一半的县仍保留旧的系统。就是在那些建有新法院的县,司法权力对行政干预仍显得十分脆弱。虽然如此,考虑到中国行政专制主义的漫长历史,在清代蹒跚起步之后不过35年,国民党统治开始之后不过 6 年,变化范围是如此广泛,在全国广大地区成功推行新法律体系也可以被视作可观的成就。①

法律职业的兴起

虽然清政府在其最后几年通过与日本(特别是法政大学)合作创办法政学校,在法官与律师培训系统化方面迈出了几大步,但它的几部法典却都没有对他们的资历和审核做出明白规定。② 要到 1912 年民国肇基之后才有首部律师条例颁布(阿利森·康纳[Alison Conner],1994:210;文见《法令辑览》,1917,6:156—174)。

1913 年,1426 人注册为律师。其中大多数(1118 人)是中国新式法律院校的毕业生;余下的曾在日本、美国或英国受训(7 人;康纳,1994:220)。到 1933 年,全国律师协会总共有 7651 名注册会员,可能是当时现代律师数量较客观的指标。③ 我们暂时估计中华人民共和国成立前全国从业律师的总数当在 10 000 左右。

这一数目是多是少也要看你从什么角度考虑。10 000 个律师相对来说是个小数目。正如康纳指出的那样,它等于是在 20 世纪 40 年代早期每 45 000 人中才有一个律师;而在 1935 年的日本,每 9700 人中就有一个律师(比较改革之后 1990 年的中国,每年有 10

---

① 徐小群(音译 Xu Xiaoqun)1999 年强调事情的另一方面,亦即国民党强化以意识形态来控制法律系统,徐称其为司法的"党化"。毫无疑问,国民党试图维护意识形态对立法的领导,对此的论述我们在下章将会看到,但目前我们讨论的只是它在县级的实践。
② 有关日本在晚清法律教育中所起的作用,请见雷诺兹(Reynolds),1993:53—57。
③ 康纳(Conner,1994:229)提供的数字是 1934 年有 6969 名注册律师,此数字实际上是 1932 年的(《申报年鉴》1936:D141)。

000多名法律院校学生毕业,这确实是一个很小的数目[《中国法律年鉴》,1990:1013])。大多数律师都集中分布在大城市,仅北京、上海、天津就占总数的1/4以上。而沿海省份律师比例比内陆省份高得多。内陆省份律师极为稀少,甚至相对较大的县城也是如此(《申报年鉴》,1935:D139—140)。如四川长宁县,新方志的编纂者们发现他们只找到一件民国时期带有律师的名字的案卷(《长宁县志》,1993:576)。与此相似,开县直到1942年才有律师(当时开设了三个律师事务所),而且直到1943年县法院才出现首个由律师辩护的案件(《开县志》,1990:366)。在中国农村的小城镇和村庄里根本就没有律师。

但是,从被清代国家贬为"讼师""讼棍"的法律"顾问"到在社会和国家看来都是值得尊敬的律师,实乃巨大的变化,有着深远的意义。律师毕竟属于与法官相同的法律行业,不少人是先当律师而后晋升为法官。清代改革者明确设想法官的社会地位和职务足以与县长媲美。正如我们所见,1908年的《法院编制法》规定过渡时期的法官需要具备与县令相等的资格——举人功名或七品以上官职。

在民国县政府官员的等级中,地方法官地位仅次于县长而位列财务、建设及教育诸局局长之上。20世纪30年代早期的顺义县即如此(《顺义县志》,卷5:1—29)。它反映出与清代一脉相承的官方价值系统,在这一价值系统内,地方政府司法工作与其他工作的重要性程度通过县令不同类型幕僚的薪水体现出来。在各类幕僚中刑名幕友通常领薪最高——在淡水-新竹地区1888年每年1000元(银元),相比之下钱谷幕友800元,主要吏书120—300元,而衙役仅29元(黄宗智,1998:128,181)。

循此,检察官也有很高的地位。我们已经看到,检察官的资历可以作为充当法官的资格。像法官一样,他们毕业于新的法政学堂;他们是法官的同学,与法官具有同等的地位。

据此可推定,律师具有同样的地位,至少原则上如此。在某种程度上他们可能仍处于对过去"讼师"和"讼棍"等的联想的阴影下,而且在地方上可能不会受到如法官和检察官那样的尊敬。① 不过,他们与司法官员具有相同的教育背景与依正式章程可能获得司法官职的事实,多半提高了他们在社会上的地位。

法官、检察官的官职,以及私家律师的职业,为民国初期的法律专科人员提供了爬上"成功之梯"的有效途径。根据1933年的数字,113个地方法院(每院6名高等司法人员)及147个分院和县法院(每院3名高等司法人员),在当时的地方法院系统中总共有1100名经过职业训练的法官和检察官。这一数目当然远低于国民党所希望达到的在1933年之前要有8000名在业法官和4000名在业检察官的目标。但是,考虑到在19世纪清代全国县及县以上级正规官员也只有27 000名,总数12 000名地方司法官员的计划是一个具有相当雄心的目标(Chang,1955:第116页及随后几页)。

正如我们可以预想的那样,在这种情况下,学习法律专科是在地方上晋身精英阶层的主要途径之一。1933年的《顺义县志》给我们举出了特别清晰的例证。对清代,纂修者依照地方志正统的做法把科举及第者列为县里地方上的知名人物,排列顺序如下:首先

---

① 当然,那些在国外受教育、在条约口岸城市代表外国或中国企业的律师,完全属于另外一类。

是进士(8 人)和举人(13 人),两者均有资格入仕;其次是可以获准进修、随后亦可当官的贡生(135 人)和武举;最后是购得功名的监生。在民国时期(1912—1932),他们按同样的思路列出地方上受过教育的精英,按顺序排列依次为男性大学毕业生(51 人)和男性中学毕业生,然后是女子大学毕业生(只有 1 人)和女子中学毕业生(《顺义县志》,1933,卷 8:22a—51a)。

最能说明问题的是第一类,这 51 名男性在某种程度上可以视作与进士、举人、监生相等的人士。表 3.1 把他们按教育背景分类,可以很容易看出,法政学校毕业生数目最多:22 人,或占总数的 43%。其他类中相当大的部分(25%)是军官和警官学校毕业生,这两者也是民国时期晋身精英阶层的重要途径。

在 17 位职业明确的法律毕业生中,8 位是见习律师(包括两位前法官),2 位是法官,1 位是检察官(他曾是法官)。另外,他们当中还有 1 位县长、1 位局长和 2 名学区委员,这表明通过学习法律专科可以获任其他官职。

当然,顺义县可能不完全具有代表性,因为其毗邻京、津,有好几所新的法政学堂坐落于两市。不过,这里确实为我们提供了一个民国时期新的地方精英形成过程中法律专科之重要性的生动例证。虽然科举考试于 1905 年正式废除,但教育应是进入官场的主要途径及考试乃选拔官员的主要方式,这一根深蒂固的观念继续左右着官方与民众的思维。1908 年以后,就读法政学堂变成最近似于老式的科举备考。从这些学校获得的学位可使学位持有者合格受任在地位上与县令媲美的官职,这点正似旧式的举人和贡生。①

表3.1 顺义县51名男性大学毕业生,依教育背景区别,1912—1932年

院校种类	毕业生数(人)	注释
法政学校	22	6人毕业于大学法律系,其他人毕业于法政学校或法政学堂
军官学校	8	
警官学校	5	
医学校	3	医学专门学校,军医学校
师范大学	2	
科学或技术学校	3	数理科,工科
其他	8	不明,1人留洋

资料:《顺义县志》,1933,卷8:41a—43b。

其他一些晋身精英阶层的途径,不具有同样的可靠性和正当性。军警学校提供了相当数量的但可能较少受尊敬的做官机会。尽管科技或师范学院的学位也能带来一定的社会地位,但那样的大学教育并不保证有官可做。在民国所有通向成功的途径中,法律专科是少有的具备旧式成功之路核心特点——获得学位而通向官职的方法之一。从这一角度分析,顺义县高等教育精英们的概

---

① 考虑到周锡瑞和兰金(Esherick and Rankin,1990)的著作,这一点值得多说两句。那本书研究这一时期的地方精英,但几乎没有提到律师、法官和检察官(索引中只有一项与律师有关,没有一条涉及法官和检察官)。

况就变得更好理解了,就像新法官和律师系统相对迅速发展一样。

总而言之,晚清和国民党统治在法律系统的制度和程序改革上向着同样的方向运动。但在民国早期,制度改革与援用旧法典的结合表明实践中的法院系统与理论上的成文法之间出现分离,而且在一定程度上,法院的实际所作所为与成文法描述它们怎样运作之间也出现分离。法院系统虽然明确区分民事与刑事案件,但成文法仍保留视民事为"细事"的旧概念。然而,尽管援用的是旧的概念框架,但民事法律体系内的法官和律师有完全的合法性,与刑事系统内的法官和律师等同。最后,司法权力也渐渐与行政权力分离,即使它依赖的民事法律是一部由君主集权颁布的禁令组成的法律。

总之,在1900—1930年的过渡期内法律机构制度的变化远远超过成文法的变化。这些变化也许比其他任何变化更好地为采用新的、完全不同的民法典铺平了道路。到该法典颁布的时候,全国相当部分地区已经建立起了全新的法院系统与法律行业。

第四章 1929—1930年的国民党民法典

清政府设立修订法律馆后,经过二十多年的时间,三易其稿,一部新的民法典才获得颁布。这一延宕不仅反映了当时的政治不靖,也表明从旧至新的过渡之困难。此段历史呈现的是,理论和概念上的变化要比上一章讨论的机构制度和程序的变化更难实现。

结果,1929—1930年颁布的法典主要体现了三个基本原则和一个公开宣称的关切。针对民事法律制度,它的出发点是权利而不是禁与罚;它采纳资本主义经济原则而非小农经济原则;它坚持男女平等而不是父系社会秩序。其公开宣称的关切是社会公正,立法者中的某些关键人物在国民党"三民主义"的基础上对此予以支持。这一关切只是在有限的程度上被融进法律,结果在法典中留下了不少悬而未决的矛盾。

本章从国民党民法典的起草过程及国民党在其中的作用开始,然后依次讨论法典的三个组织性原则和它对社会公正所采取的立场。

国民党法典的起草

1925—1926年的第二部民法典草案可以确切地说是第一部草案的派生物。民国初期,尽管军阀政府一个接一个走马灯似的换,修订法律馆倒基本延续维持。它的名称在1918年恢复"修订法律馆"的原名之前改过两次(第一次改为法制局属下的"法典编纂会",第二次改为司法部属下的"法律编查会")。它先后由章宗祥和董康牵头,他们是清代最后几年就在那儿工作的两位能干的青年法学家。在场辅佐他们的还是日本刑法专家冈田朝太郎,他一直因任不同的咨询和教学职务羁留在中国。因此,第二部草案是由同一机构和与第一部草案相同的几位关键人士完成的(雷诺兹[Reynolds],1992;潘维和,1982:17;杨幼炯,1936:325—328)。

南京国民党政府的掌权带来了根本的变化。首先,国民党的中央政治会议承担了起草工作的领导之责,制定起草者必须遵循的各种"立法原则"。它最终对"总则"编提出了19条、"钱债"编和"物权"编各15条、"亲属"编和"继承"编各9条原则。

这些原则不仅是意识形态的声明,而且包括特定的、具体的指示。例如,针对钱债,会议特别规定了明确的法定利率(第3条)。针对财产权,它指导起草者补写有关土地典卖的条款,把前两部草案都摒弃的民间惯习再次并入法律,即使对回赎期有新的限制(第1011条);它还规定在由无法控制的天灾人祸所引起的歉收情况下,佃户理所当然有权要求降低租率(第9条)。针对家庭组织,会议放弃了前几部草案保留的父系原则,明确提出以男女平等为基础的新概念(第1条)。类似地,针对继承它摒弃父系继承的规则而让女儿、儿子共同继承(第1条至第3条)。(有关诸原则的文本,见潘维和,1982:100—125;杨幼炯,1936:378—381)

毫不奇怪,新政府企图控制立法,以达到此前的北洋政府所没有期望达到的程度。① 追根溯源,国民党毕竟是一个依照列宁主义模式组建的政党,具有明确的政治意识形态。但在此一点上需重点指明,这里扮演重要角色的并非以蒋介石为核心的领导集团。蒋介石及其核心成员——像孔祥熙、宋子文和陈立夫、陈果夫兄弟等人,把他们的精力主要集中在军事组织、财政和公共安全等问题上,这些领域直接关系到他们与共产党的角逐及其政权的稳固。② 这给其他人在与政治斗争没有直接关联的领域,如法律和教育,追求不同的理想与目的留下了空间。在立法方面,最关键的小组由中央政治会议的六名成员组成:胡汉民、林森和孙科,他们在起草原来的立法原则方面起关键作用;王宠惠、蔡元培和戴季陶,他们协助其他三人评估、审核与修订提供全体会议讨论的草案(潘维和,1980:124)。

在这六人中,王宠惠是最主要的法律专家。他在香港出生、长大,在耶鲁法学院和德国进修,当时被普遍认为是中国首屈一指的法学家。他通晓多种语言并曾将1900年的《德国民法典》译成英文(1907年出版,此译本成为标准英译本)。他曾任最高法院法官和司法部部长,当时是南京国民政府首任司法院院长(1928—1930

---

① 徐小群(1997)强调在国民党统治下"司法"的"党化",有意指向现代中国建立司法独立的困难。我这里指出的与他的含义不同。
② 有关国民党的这些论点,见易劳逸(1974,1984)与科布尔(1984)。

年;布尔曼[Boorman],1967—1979,3:376—378)。

蔡元培是以中国一流教育家和当时最受尊敬的知识分子之一的身份参加这一工作的。作为1916—1922年间的北京大学校长,他在把北大建成那一时期知识界的前沿阵地方面起了很大作用。他学术秉赋超群,23岁时即获得旧考试制度下的举人功名,然后又两次负笈德国。当时他担任首届监察院院长(《アジア歴史事典》,4:6b—7a)。

这一组人意识形态方面的领导主要是胡汉民。他曾留学日本并在1928—1930年间于立法院所做的一系列演讲中概述了起草法典的主要指导原则。即使在法典的实际编纂中,他也起了很大的作用。据报道,他共参加了起草委员会200多次会议中的80次以上。他与孙中山过从甚密,并对孙的"三民主义"提出了比蒋介石更具社会意识的解释。他后来与蒋决裂——1931年3月甚至被蒋短暂监禁,但当时他正担任首任立法院院长之职(《アジア歴史事典》,3:337b;罗香林,1973:67;胡汉民,1978)。

其他两位人士也相对独立于蒋介石。孙科(孙中山之子)曾留学加利福尼亚大学和哥伦比亚大学,当时是考试院副院长,1931年因蒋拘禁胡汉民而与蒋分裂并加入与其敌对的广东政府。林森当时在胡汉民手下当立法院副院长,后来参与孙科在1931年12月组织的新政府,它曾短暂取代蒋介石政府。戴季陶是国民党的理论家,乃上述六人中唯一与蒋关系密切者(《アジア歴史事典》,5:404,9:325;布尔曼,1967—1979,3:200—205)。

负责法典实际编纂的关键人物是傅秉常,任民法起草委员会主席。与王宠惠一样,他也是香港人(罗香林,1973)。起草前三编时,他的委员会成员包括焦易堂、史尚宽、林斌以及郑毓秀(郑苏梅),郑毓秀为委员会成员中唯一的女性(《中华民国民法典·前言》:xiv)。① 所有这些人都受过现代法律院校的培训:焦毕业于国内的一所法政学校,史先后就读于东京大学、柏林大学及巴黎大学,林就读于北京大学,郑就读于巴黎大学。起草第四章、第五章("亲属"与"继承")时,王用宾代替郑毓秀,王受训于日本法政大学(《民国人物大辞典》,1991:47,161,457,1164,1489。有关郑的情况,亦见布尔曼,1967—1969,1:278—280)。

王宠惠与其他人可以代表国民党在南京政府早期联合起来的比较宽阔的领导层。他们对1929—1930年的民法典的贡献大于蒋及其亲密追随者。这些人几乎全部都曾留学国外,其中部分人是完全兼具双重语言能力和双重文化的人士,他们决意要使中国法律达到他们认为的当时最先进的国际标准。②

在此方面,法律制度史引起我们对国民党另一层面的注意,该层面一般被蒋介石"派系"在中心舞台不断增长的独裁主义(实际上接近法西斯主义的倾向)的历史所掩盖。易劳逸对此历史有充分的论证(Eastman,1974,1984)。从那种观点来看,法制史,包括上章讨论过的将司法权与地方行政权分离的尝试,表现出的不过是为巩固国民党权力所玩弄的政治手段。不过,我们需要指出,这并不是那些密切参与新法律编写的人们的观念。对他们来说,主要考虑的是借吸收他们认为的西方最好的东西来使中国法律"现代

---

① 感谢郭贞娣(Margaret Kuo)提醒我注意郑女士。有关郑的更多情况,见布尔曼(Boorman),1967—1979,1:278—280。
② 有关现代中国有双重语言与双重文化背景的人士,见黄宗智,2000。

化",同时也让其适应中国的现实。

从禁与罚到"权利"

国民党改革者继承的是 1911 年的民法典草案。该草案已经摒弃了清代旧法典中视民事为"细事"的概念。旧法典的出发点是统治者的绝对权力。"细事"是那些统治者宁愿让社会自己处理的事情。如果国家必须介入,它将以对待违反刑法行为的相同方式处理:依照统治者所禁止的和规定的处罚来处理细事中的违法行为。"细事"涉及的处罚一般较轻,因而可以留给官僚机器的最低一级处理,即"州县自理"(例 334-4)。在这个构造之中,没有任何可能超出统治者意愿的权利意识。

1911 年草案的想法刚好相反,它依照权利(或"权")与义务来制定一切。它规定法律赋予一个人能做什么的权利,完全没有提及清代法典中采用的禁与罚。而且法典本身即处理民事的最终权威。

这套想法在 1925—1926 年草案和国民党《民法典》中都保留未变。至少在 20 世纪中国的法律改革者中,从未对此有任何疑问,即应该摒弃清代旧法典把民事放在刑事框架之中的方法,采用现代西方从权利出发的法理。

正如我们已经看到的,清朝的官僚可不这样认为。结果是沈家本的草案立即遭到拒绝。不过,权利语汇(也包括宪政语汇)的扩大,即使在清王朝灭亡前也已大量进入官方话语系统。例如,虽然 1908 年的"宪法大纲"以规定皇帝总揽大权的条款开头,接着却规定许多的权利:公民享有法律许可范围内的出版、集会和结社自由,除非依照法律,否则他们不得被逮捕、监禁或处罚,他们的财产和住宅不得无故受侵犯等。①

随着帝国的崩溃,现代西方宪政和个人权利的话语产生更大的影响。随后的宪法,无论为统治者的权力保留多大的权威,皆包含有关公民权利的规定,使用的是同样的话语。民国新政府1912年的临时宪法重申了那些权利。

甚至所谓的袁世凯宪法(1914)和曹锟宪法(1923)都用同样的语言重复了相同的条款,就像在国民党《训政时期约法》中所做的那样(《中华民国宪法史料》;杨幼炯,1936:第192页及随后几页、第308页及随后几页、第369页及随后几页)。

虽然,官方话语中的权利语汇确实没有完全清楚明确,使得概念长期混淆不清。但作为权利简写的"权"所隐含的"权利"(采自现代日语的新特殊意义的用法)与以前的"权"(有更广泛的权力意义)之间存在根本的差别。问题很早就已经表现出来,1908年的"宪法大纲"在升格到臣民的"权利"之前以规定"君上大权"开始。根据这一前提,随后所跟的无论什么都完全不是权利,而不过是统治者授予的特惠。于是,"宪法大纲"接着说明"出版及集会、结社自由"乃统治者所"准"许的"权利"。②

后来的宪法在不同程度上以不同的形式保留了这一矛盾。例

---

① 文本见杨幼炯,1936:52—53;亦见《新法令辑要》,1911。
② 与"Freedom"或"Liberty"对应的中文词"自由"从未摆脱它从其紧邻词汇"自私"(及"自私自利")中所带的轻蔑内涵,其中的"私"又令人联想起其他合成词如"私心""隐私"及"私通"(通奸或与敌人秘密联系)。

如,1914年袁世凯宪法第14条规定大总统"总揽统治权",而民国元年(1912)的临时宪法则没有这种总括性的规定,只列出总统的各项具体权力。无论如何,统治者权力与公民权利之间长期的紧张关系妨碍了政治权利的完全表达与制度化。与由民法处理的非政治权利不同,政治权利关系到公民权利与统治者权力之间的直接冲突。

尽管如此,"权利"概念在人们心目中还是具有一定的正当性。帝制是以立宪名义被推翻的,随后所有的民国政府都承继了这一传统。即使是军事强人如袁世凯和曹锟以及独裁政党如国民党,都觉得有必要至少在口头上拥护立宪政府和公民权利。不管是真的相信还是假的相信这些概念,"立宪政府"和"权利"等西方词汇普遍流行于当时的政治和法律话语系统中。它们趋近于普遍准则的地位,几乎像工业化或经济发展一样不会受到质疑。正是这一语义环境促使民法典的所有三部草案都从"权利"概念出发。

清代法律系统即使没有在理论上,也在实践中保护了许多非政治的民事权利(如所有权、收债权和继承权),这一事实也为正式采用"权利"概念提供了有利条件。两个法律体系间的共同之处,也使人们较易摒弃清代法律以刑罚为纲的那套想法。

安德鲁·内森(Andrew Nathan)在对中国民主的研究中指出中国政治思想强调国家与社会间的和谐与统一,而不是对抗(而现代中国的政治思想家们对"民主"的理解,主要是设想沟通两者的意见,包括借助宣传,没有注意到政治权利),他无疑是正确的(Nathan,1985)。但他分析的"权利"只是政治权利,没有注意到非政治权利,其实完全没有考虑法律制度。①

这里的要点与20世纪中国的权利话语的号召力和能量有关。正是它使采用从"权利"出发的民法变得可能。在本书第二部分将看到,这个变化具体地影响了人们的生活。我们在考虑20世纪中国权利史和权利话语史时,最好不要把政治权利视作第一个或唯一要渡过的难关,而应把它视作涉及许多其他权利的历史故事中最后的难关之一。

资本主义对小农经济

国民党法律中的"权利"概念的一个派生原则是资本主义经济。清代法典实际上视财产,特别是土地,为父系家庭所有("家财""家财田产")。一个家长个人的遗嘱只具有十分有限的法律效力,例如无论凭什么理由,父亲都不能剥夺其亲生儿子的继承权。人们普遍认为诸子均分父亲财产是理所当然之事。律88甚至特别规定未能公平、平等(均平)分配其应分财产的父亲将受到处罚。

土地所有权从来不属于单独的某一个人,而是具有家庭的约束与义务。作为户主的儿子在处置家庭财产时仍需得到其在世双

---

① 其他学者(也侧重于政治权利)曾试图运用尤尔根·哈贝马斯(Jürgen Habermas)"公共领域"的概念去寻找清代可称之为"民主萌芽"的东西,这与中国大陆学者试图找出清代的"资本主义萌芽"几乎如出一辙(哈贝马斯,1989;罗威廉[Rowe],1990,1993;亦见我对此问题更全面的讨论[黄宗智,1991,1993])。正如我所说,我相信这些努力是错误的。我认为,在中国的政治思想中,国家与社会从未被视作对立的实体,更不用说社会与个人了。那些对立乃现代西方自由-民主思想的核心。在这一方面,笔者倾向内森(Nathan)而不是民主萌芽论学者。

亲的同意(私擅用财,律88)。一个继承了家庭农场(一部分)的儿子理所当然地应该赡养其双亲。一个对其双亲未能适当奉养("奉养有缺")的儿子会受一百杖刑(律338)。

相反,国民党法典视财产归根结底为个人所有。所有者在世时或去世时可以随意处置其财产(第1187条)。即使后一种权利在一个特定方面是有限的(我们将在适当部分讨论),父亲们与儿子们处置财产时也不再受到像清代那样程度的限制。

另外,国民党立法者们坚持财产权应明晰、清楚。虽然他们恢复了典买土地的习俗,但他们决定确立回赎期的时间限制,因为他们认为如果回赎期无限制,会模糊产权并对经济发展不利("立法原则"第11条,"物权编",见潘维和,1980:108)。而且他们断然拒绝认可田面权的民间习俗,坚持认为土地只能有一个所有者,也就是拥有田底权的人。

此外,国民党立法者视契约为社会关系的组织原则。法典实体部分的第一编"债"因而以有关契约的14个条款开头(第153—166条)。先决条件是平等、拥有产权的个人在自由、自愿的原则下缔结合约,与合约相随的是相应的义务与权利。这个合约观点贯穿于整部法典中,甚至包括婚约。这样的构想,集中体现了现代资本主义市场经济的原则,是1900年《德国民法典》的指导概念,国民党法典即以该法典为范本。

相反,在清代法典中,契约是相对小而次要的考虑。它对债务的基本处理方法是对不还债者予以不同程度的处罚(律149)。但此律同时也包含债约乃一种契约的看法,带有"其负欠私债,违约不还者"的字句。当然这距离源于契约关系的一整套的权利和义务观念还很远。

国民党立法者对资本主义市场经济的设想是十分信任的,以致规定了一项忽视中国惯例现实的法定利率。他们定的数字是每年5%,此数字直接抄自1900年《德国民法典》对"商业交换"的规定(第246条,注释;国民党法典,第203条)。那是当时国际银行界的利率,但从未成为必须向中国的钱庄、银行借钱的中国企业所付的利率,更毋庸说农民在乡村所要付的借贷利率。①

两部法典经济观点之间的对照在此领域表现得比任何其他地方更鲜明。清代法典考虑的主要是农民经济中的生存借贷。正如法典在律149的注中所述,"放债典当以通缓急之用,取利之中有相济之义"②。法律要做的是保护经济形势窘迫的农民不被榨取剥削。套用律注的话就是"必有乘人之急而图利无度者"③。因农民在紧急情况逼迫下会接受几乎任何利率,法律才规定最高月息为三厘(每月3%)。

两部法典事实上在对待资本和利息上态度迥异。清法典从未承认资本应可取利。相反,利息仅是法律可能默认的、令人讨厌的东西。且它绝不能超过最初借贷的原额(律149)。国民党法典采用相反的观点:资本不仅可以取利,而且可以无限期取利且无总额

---

① 许多学者曾经指出,中国企业筹资时比向外国银行借贷的外国企业要支付高得多的利息。如中国纺织厂一般支付8%—15%或更高的年利,而其外国竞争者只付5%(Eng,1986:78;Chao Kang,1977:148)。结果(也因高额税收)中国企业生产一包20支纱成本为15元(1930年)而日本纱厂仅需2.7元(吴承明,1933:134)。
② 此注不在薛允升(1970[1905])中,转引自经君健(1994:73)。笔者在这里的英文翻译与苏成捷的译文略有不同。
③ 同上:74。此注接着说:"亦必有迟欠违约、负赖不还者。"

限制。

总而言之,清代法典基本上依以下几个原则组织:家庭的和受约束的财产所有权原则、依等级为序的社会关系,以及以生存为取向的经济概念。国民党法典则由资本主义原则组织,这些原则乃个人的、独有的财产所有权,契约社会关系以及凭资本取息的权利。对清法典而言,出发点是对违反国家禁令的惩罚;对国民党法典而言,出发点是个人权利。

男女平等

对20世纪早期的中国法律改革者们来说,男女平等可能是德国民法典所有主要组织原则中最难采纳的一条。对此略微的暗示在1906年就引起了张之洞的反对,正是他和其他官员的抵制迫使晚清改革者更谨慎地处理民法草案的"亲属"和"继承"两编,约请了中国法学家起草而非雇用外国(日本)专家参与。1911年他们首先提交头三编的草案,推迟呈递后两编。

总体来看,1911年草案的五编事实上包含新旧观念之间极深的矛盾。俞廉三在其10月26日的前附奏折中解释道,他和法典草案的其他作者遵循了两个原则:一方面采用最好最新的西方司法理论和原则,另一方面针对婚姻、亲属和继承则是"以维持数千年民彝于不敝"为原则(《大清民律草案》,1911:3a—b)。这也是他们在法典的第一部分采用了权利话语,而在第二部分则放弃了那些原则的原因。

在父系继承的"民彝"原则下,妇女基本上没有独立的财产和继承权利。家庭财产必须沿父系世系由父亲传给儿子(《大清律例》,例88-1)如果某男子无嗣,该对夫妻就要从男方侄子中选一位作为继子,这个制度套用白凯的用词就是"强制性侄儿继承"(白凯,1999)。1911年的民法典草案对这些要求或多或少都未予触动(第1390、1466条)。1925—1926年的草案也是如此(第1309、1310条)。①

直到国民党法典才把个人权利的观点完全贯彻到其逻辑之中。立法者完全摒弃了父系继承和家庭与社会中的旧等级结构。在法律眼里,男女之间、长幼之间没有任何差别。正如中央政治会议在其"立法原则"中解释的那样,在父系制度下,要区分父系亲戚(宗亲)、母系亲戚(外亲)以及妻子的亲戚(内亲),只有父系内的人才有继承权。相反,新概念只区分血亲和姻亲。女儿于是和儿子拥有同等的继承权,妻子和丈夫拥有分别独立的财产权(潘维和,1982:109;亦见范·德·沃克,1939:51—58)。

根据中央政治会议的观点,父系宗祧继承乃周代封建贵族制度的残余,是一个与时代不合的东西。随着世袭贵族的终结,家庭而非父系宗族成为社会的基本组织单元。祭祖一般由一家一户而非一族一族进行。这样,宗祧继承中留下来的东西就只有无嗣夫妇挑选一个男子作为其家庭继承人(嗣子)这一习俗。依照现在对家庭的重新定义和男女平等的要求,该习俗不可能再维持。法律不再承认宗祧继承原则的任何内容(潘维和,1982:117—119;胡汉

---

① 1911年草案规定:在兄弟没有儿子的情况下,姐妹的儿子或妻子兄弟的儿子或女婿可成为合法的继承人(第1390条)。1925—1926年草案把舅舅的孙子也列了进去(第1310条)。

民,1978:872—885)。

新法典赋予女性"直系血亲"("直系卑亲属")与男性直系血亲在继承上同样的第一优先权(第1138条)。财产继承于是被从宗祧继承中分离出来,完全摒弃男性"嗣子"的概念。如果一对夫妇没有儿子,女儿可以继承财产;如果没有女儿,则父母可以继承;如果父母已过世,则兄弟姐妹可以继承;如果也没有兄弟姐妹,则祖父母可以继承。

另外,相较于法典赋予丈夫和妻子双方对结婚财产的继承权,孀妇会得到与其子女同等的份额;如果她和她的丈夫没有后代,她将得到二分之一的财产,另二分之一归其亡夫的父母亲或兄弟姐妹;如果他没有父母亲和兄弟姐妹,她将继承财产的三分之二,剩下的三分之一归他的祖父母;如果上述人都不存在,则她可以独继财产(第1144条)。在旧法典下,孀妇对财产的"权利"只是其作为继承人的妻子、母亲身份的派生物,她享有代表其丈夫或其子而获得的监护财产权,但没有她个人本身的继承权利。

坚持个人权利和男女平等还导致另一背离旧法的重大后果。1911年草案和1925—1926年草案都保留了清代婚姻须经父母许可的旧规定(第1338、1105条)。不管对于男子还是女子,结婚都从来没有被期望成为可以自由选择的事情。30岁以下要离婚者,无论男女都必须征得其父母的同意(第1359、1148条)。新法典与旧法律和前两部草案完全相背。新法典第972条规定:"婚约应由男女当事人自行订定。"而第1052条列出了允许夫妻中任何一方提出离婚的九种情形:重婚、通奸、虐待、虐待对方直系血亲、试图杀害对方、有不治恶疾、有严重不治的精神病、三年生死不明及被处三年以上徒刑。① 该条款扩大了前几部草案中准许离婚的标准，它改变了只允许丈夫一方以通奸为理由诉请离婚的规定，终止了对妇女的这种不平等待遇（第 1362、1151 条）。

最后，所有这些加起来等于是对妇女的抉择和自主性进行了根本的概念重订。国民党法典把妇女想象为独立自由的自主体。她们像男人一样继承财产，在结婚和离婚上享有与男人同样的权利。在法律眼中，妇女像男子一样能完全控制其生活。

随着男女平等原则的采用，在中国采用现代西方民法的进程中，国民党法典越过了最后一个难关。1911 年和 1925—1926 年的草案在其头三编中几乎完全模仿《德国民法典》，但后两编并非如此；国民党法典却完全采用了后两编。随着这一改变的发生，现代西方民法已全盘移植到 20 世纪的中国。

社会公正与矛盾倾向

国民党立法者们采纳了德国法典的最后两编，却对头两编有关债务和财产的某些条款提出了疑问。前两部草案对那些条款是全部照搬，但傅秉常说明了新法典对它们的质疑。他声称 1911 年草案过于强调权利而忽略了义务。正如清代旧法典太看重家庭（"家庭本位"）一样，1911 年草案太看重个人（"个人本位"）。他

---

① 有另外一种情况只适用于妻子。该条之四允许离婚：如果"妻对于夫之直系尊亲属为虐待，或受夫之直系尊亲属之虐待，致不堪为共同生活者"。这里我们不妨推测因为妻子按惯例是与其公公、婆婆生活在一起的，以致编修法典者根本没有考虑相反的情况。

断言国民党新法典是超越二者的进步。它以更大的社会为中心（"社会本位"），以保持"个人利益和团体利益之间的……社会平衡"（《中华民国民法典·导言》:xx—xxi）。胡汉民1928年12月在立法院成立大会上的演讲中，早就宣传过社会公正的主题。依照胡汉民所说，西方直到世纪之交一直是以个人为重点的，只是近来最进步的西方国家才开始关注社会的需求。根据这一观点，胡认为中国在许多方面比西方进步，因中国长期以来强调家庭重于个人。现在，根据国民党的"三民主义"，把重点放在社会上，中国将处于世界法律发展的最前沿（胡汉民，1978:785,798—799）。他认为国民党所要寻找的是一条既优于共产主义又优于资本主义的道路：

> 共产主义者以为所有权应该被废去，资本主义以为应该任所有权自然发展；二者都没有顾及所有权与社会生存的正当密切关系，而只认之为个人的制度，实是大错。我们只要设想，假如把所有权根本废除，社会是否要立即发生不安呢？反之，资本主义发达过甚，社会是否也要发生不安呢？（胡汉民，1978:791）

在后来的演讲中，胡接着概括了他和他的同事们在"立法原则"中提出，并已向起草委员会表明的几条观点。他争论说，外国人迷恋权力（霸道），只侧重对个人有益的东西；但中国考虑的是王道，侧重仁治，尤其是特别照顾因遭受"不可抗力"的自然灾害而减产的佃户（胡汉民，1978:857），同样也要照顾为生存而典卖其土地的赤贫农户。按胡的说法,典卖习俗中的典卖者回赎权正好反映出圣王之道,因为它包含了帮助弱者的道德态度(同上:876)。这些"立法原则"后来都呈现在新的法典中(潘维和,1980:107)。

然而,有鉴于当时国民党的构成,胡对社会公正的考虑在国民党法律中仅得到有限的表达,这并不令人感到奇怪。作为赞成孙中山"平均地权,节制资本"理想的一员,胡提议要求所有者以时价登记其土地财产,其后如果涨价超过20%将被课以重税。他还提倡把地租减至37.5%。这两个观点都没有被纳入民法典。虽然两者都被纳入1930年的土地法中(第177、399条),但该法仅只在个别地区试行,一直拖到1946年政府才下令广泛施行(土地法,1930;土地施行法,1946)。①

1929—1930年的民法典事实上遗留下一些悬而未决的矛盾,也就是其资本主义原则和胡汉民宣称的对社会公正的关切间的矛盾。这些矛盾,可能包括它们引起的复杂的权力纠葛,这在傅秉常为头三编所撰《导言》中有部分程度的反映。在那篇导言中,傅回应了胡提出的主题,甚至直接采用了胡的某些语言。但仔细检查被他引用来作为起草者赞成社会公正的证据的四条法律条款会发现,其实对富人比对穷人更有利,对经济实力强的人比对经济实力弱的人更有利。

他列举的例证之一是第836条,它规定,如果承租者积欠地租达两年之总额,土地所有者可以撤销其"地上权",即使用租地的权利。

---

① 国民党早在1927年就试图在浙江省执行土地改革。有关此试点工程,见白凯,1992:182—188。

另一例是第846条,它规定"永佃权人"积欠地租达二年总额者,永佃权可能同样被取消。这一条款对承租人特别不利,因为根据习俗,一个拥有田面权的人(法律称"永佃权人")从田底权所有者手中租地,无论欠交多少年的租金都不可能被逐出其租种的土地(第六章我们将会对此做进一步讨论)。因此这两条实际上对拥有田底权的地主比对其(拥有田面权的)佃户更有利。

傅的第三个例证是第442条,它允许地主或佃农在土地价格发生波动时申请法院增减租金。进入20世纪后土地价格的总趋势是上涨的,在邻近新都市中心的地区更是如此,所以许多地主要求提高租金。这样一来,此条款事实上又主要是对地主有利,而不是对佃农有利。

最后,作为他的第四个例子,傅引用了第389条(在《导言》中误作第391条),它与分期付款购物有关。在这一条下,若分期付款购物者错过两次付款且总额超过购买价的1/5,出卖人可以要求其一次性支付全部余额。1911年的草案没有这样的条文(第617—620条),而1925—1926年的草案也只含糊地提到,在"延迟"付款时出卖者可要求购买者付清全款(第480—485条)。新的条款虽然可能对某些城里人购买消费品有所帮助,却几乎与小农耕作者无关。

如此看来,傅的例子与其说是在表现对社会公正的关切,不如说是暴露了法典中的矛盾。此法典虽然确实包含某些为体现社会公正而对穷人有利的规定,但它也保留了前两部草案中对明确的、独有的产权的赞成。虽然有关典卖和佃户权利的条款规定在灾荒的情况下可以减租,这对"弱者"有利,但有关当土地价格上涨时增租及欠租两年后终止永佃权的条款,明显对地主比对佃户更有利。鉴于庞杂的国民党内存在错综复杂的派系纠葛,这些矛盾也许并不让人觉得意外。

习俗对成文法

法典还包含其他没有解决的矛盾。第1条写道:"民事法律所未规定者依习惯,无习惯者依法理。"第2条继续写道:"民事所适用之习惯,以不背于公共秩序或善良风俗者为限。"

这些规定看起来可能模棱两可,甚至可能显得是在强调习俗的重要,但胡汉民的真正意图是非常明确的。在1929年4月15日于立法院的"新民法的新精神"演讲中,胡汉民提到有关习俗和成文法之间关系的两种主要学说。一种学说认为是成文法占最高地位,只有在缺乏法律条文时才可遵循习俗,习俗充其量不过是次要的规则,应该从属于法律。另一种学说认为,成文法不过是正式化了的习俗,人们甚至可以超越法律而诉诸习俗,习俗可以视作法律的监督。胡认为,就中国而言,第一种观点毫无疑问是正确的,因为"我们知道我国的习惯坏的多,好的少。如果扩大了习惯的适用,国民法治精神更将提不起来,而一切政治社会的进步,更将迁缓了"。正是基于这一原因,胡总结道,新法典详细规定只有在缺乏特定的法律条文时才使用习俗,如果没有习俗,案件应依法理判决(胡汉民,1978:847—848)。

在英美普通法传统和(欧洲)大陆民法传统之间,20世纪中国的立法者们多数从一开始就选择效仿大陆的民法。毕竟,是由中国落后引发的痛苦激励法律改革者们指望将外国法典作为实现现代化的一种途径。在这种背景下固守习俗和"习惯法"根本不可能成立。胡汉民表达的情绪是毫不含糊地接受大陆法传统以及其对成文法的偏重。

在本书第二部分中我们将会看到,国民党民法典事实上毫不犹豫地摒弃了好些民间习俗,包括某些对"弱者"有利的习俗。而且我们还将看到,国民党法官在其判案中总体上倾向于墨守法律。一般说来,在我研究的案件中法官判案时不会依照习俗,他们通常小心翼翼地引用成文法。国民党统治时期的法律文化表现的,是毫不含糊地选择成文法而不是习俗作为法制的指导。

正如我已经详细论证的,根据官方关于"细事"的意识形态构造,"细事"根本不应该呈到清代的县令面前,因此他们在判词中一般不会引用法律条文。但实际上他们断案时是同样遵循法典的(黄宗智,1998:特别是第四、八章)。

这并不是说习俗在中国法律中毫无作用。我们将看到,清代法典不时对习俗做出重大让步。例如,承认广泛实行的土地典卖、考虑到孀妇选嗣时需要找一个能与她处得来的人,以及迁就父亲在世时分家的现实。国民党法典也是如此。如重新承认土地典卖习俗,由此使成文法更适应惯习。对胡汉民来讲,因他认为自己是一个现代化者,所以试图通过对社会公正的关切来解释这一让步,声称社会公正是西方最新最好的东西。但同时,胡和他的同僚在"立法原则"中也声明典的习俗反映了"我国道德上济弱观念的优点"(潘维和,1980:107)。

国民党立法者对利率的处理也是如此。在详细说明5%的法定年利率(以当时各国银行的实用利率为基础)之后,他们接着规定 20%的最高年利率(第 203、205 条)。尽管他们给这一步骤套上非常现代的"外衣",作为一种"防止资产阶级通过高利率进行剥削"的措施(傅秉常、周定宇,1964,2:235),但事实上他们只不过是承认了广泛存在的生存借贷(特别是农民)现实,并且试图(像清代法律所做的那样)对高利贷进行限制。在某些场合,国民党立法者也许是无意中对习俗做出了让步。例如有关女儿的财产继承,他们采取的立场是很明确的。为了防止家长把财产只给儿子而不给女儿,他们规定了相当于应得份额的一半的强制性的"特留分"。

正如傅秉常在其《导言》中说明的那样,这个规定意味着"防止借遗嘱不让女儿继承的做法"(《中华民国民法典·导言》:viii)。但是,这部法典同时拥护一个人在生前可以自由处置财产的原则,它规定继承条款只有在人死后才生效(第 1147 条)。那一条款的实际效果是,许多父亲可以不理解新法律对女儿继承的规定而沿用旧的做法——在生前把他们的财产分给儿子,也可以同样地将财产传给充当"嗣子"的侄儿。

于是,成文法与习俗间关系的问题并不能简单等同于立法者们所公开申明的意图。不管他们是否真的有意容纳习俗,事实是法典中不少的条款具有和前面例子类似的实际结果。从这一点来看,国民党法典包含了涉及法律和习俗间关系的矛盾条款,正如它包含了资本主义原则和社会公正间的关系的矛盾条款一样。

下篇
清代与国民党民事法律制度的比较

第五章 典

典习俗，亦即土地的有保留出售，既包含继承过去的前商业逻辑，也包含帝国晚期不断增长的商业化了的小农经济的市场逻辑。它还体现了一种生存伦理，该伦理源于面对不断出现生存危机的经济。一方面，根据过去有关土地永久所有权的前商业理想，它对那些不能继续以所有地糊口的人给予特别照顾，允许他们无限期回赎土地；另一方面，根据市场逻辑，它允许买卖获得的典权本身，甚至允许买卖因涨价而获得的那部分赢利。

本章从简述清代成文法和民间习俗中的典开始，利用一方去说明另一方，阐明它们两者间的一致与分离。然后考虑这些与典卖交易有关的法庭案件，借此既可以展现惯习的全貌，也可以显示法庭惯常处理的各种问题。这两部分主要关注的，是体现在典中的两种相反的逻辑所引起的问题。最后一部分讨论民国时期，特别着重于从清代法典到国民党法典的过渡期内的延续与改变。全章依次讨论过渡期内长期存在的四个主要问题：找贴，亦即由典卖权改为绝卖权时所支付的款项;合法回赎的时间限制;买卖典权;典与抵押(即借贷中以土地为担保抵押)惯习之间的混淆。

清代的法典和习俗

清政府对典卖交易课税的考虑在律95(沿用明代法典)有关"典买田宅"的开头一句中表达得十分清楚:"凡典买田宅,不税契者,笞五十。"借此决定对典交易课税,当然,晚期帝国政府也由此承认典卖土地的合法性。

典与绝卖

首先,典须与绝卖明确区分开来。雍正八年(1730),清法典加了一条有此作用的例:"卖产立有绝卖文契,并未注有'找贴'字样者,概不准贴赎。"(例95-3)但典与此不同:"如约未载'绝卖'字样,或注定年限回赎者并听回赎。"换句话说,典首先是可以回赎的有保留的出售。

此例的措辞也表明,回赎土地的权利一定要在出售时清楚标明为可以回赎的,典卖才可能存在。法律把证明的负担置于绝卖一方:契约必须声明本交易是不可回赎的绝卖。若没有如此声明,法律将认此交易为典卖,认交易的土地为可以赎回。而且除非典约特别规定一段时间作为回赎时限,否则法律将视交易的土地为无限期可赎。

在此我们看到清代法典偏向被迫出售土地的小农。法典秉承土地永久所有权的前商业社会理想,因此允许无限期回赎。同时,

第五章 典

法律(像其成长于斯的社会习俗一样)考虑到农民通常只有在走投无路的情况下为了生存才出售土地。出于对那些生存受到威胁者的同情伦理考虑,法律试图给予贫弱者方便。它虽然通过同意尊重绝卖契约,迁就了清代不断增长的买卖土地的现实,但它也另外为出典人提供了回赎土地的最大机会。在没有与之相反的明确声明的情况下,法律假定土地出售具有无限的回赎权。

在其他类似的有关小农生活的领域中,法律的立场显示出始终如一的道德姿态。例如,在律149"违禁取利"中,强行限制在小农借贷中可能收取的利息,以试图保护贫困者免受高利贷的盘剥。又比如,通过律312"威力制缚人",法典严禁豪强地主对佃户动用私刑。这些律文源自《大清律例》仁政的儒家意识形态,把自己表达为不仅具有基于法家意识形态的严厉的父权,也具有基于儒家仁治的善意的母权。这也正是"父母官"这一隐喻所蕴含的意思(对此观点更全面的讨论见黄宗智,2001:201、219)。

从案件记录判断,清代的许多土地出售契约并未说明其是绝卖不可回赎的,还是典卖可以回赎的。按照法律,依没有明确声明的契约买卖土地者,其后人在土地易手几代以后仍可以要求回赎。这样的要求可能会在很长时间后提出,那时典权人及其后代已经理所当然地视此土地为他们自己的财产。争端因而不可避免。

时限与找贴

为回应此类问题,清代法典在乾隆十八年(1753)对那些没有明确是典卖还是绝卖的契约规定了三十年的时间限制:

嗣后民间置买产业,如系典契,务于契内注明"回赎"字样。如系卖契,亦于契内注明"绝卖,永不回赎"字样。其自乾隆十八年定例以前,典卖契载不明之产,如在三十年以内,契无"绝卖"字样者,听其照例分别找赎。若远在三十年以外,契内虽无"绝卖"字样,但未注明"回赎"者,即以绝产论,概不许找赎。如有混行争告者,均照不应重律治罪(例95—7)。

这样,依没有明确声明的土地出售契约售出的土地"只"在三十年内可以回赎,而不像依明确声明可回赎的契约出售的土地那样可以无限期回赎。①

像几乎所有与典有关的事一样,对这个三十年的规则也可以做出两种不同的评价。从无限期回赎的出发点到市场交易的现实,它可以被视为法律的适应性改变。但它也可以被视为顽强坚持源于前商业经济土地永久所有权的理想,规定如此充裕的时间以便出典人回赎其产业。

法律面对的另一个问题是当出典人想回赎或绝卖已经涨价很多的土地时该怎么做,应该依据时价还是原价回赎?根据前商业

---

① 此段中三十年的规定稍微有点模棱两可,因为该例可以被理解为只适用于1753年以前签订的契约,于是人们可能会坚持法典根本无意对1753年之后所签的新契约制定三十年的时间限制。笔者认为,立法者用过去的话进行表达,多半是因为在他们刚刚要求所有契约都必须明确载明时限后,再谈将来时限不确定的契约似乎不恰当。另外,如果对采用该例之前的契约有三十年的时间限制,也就是暗示那个日期之后的契约也应有同样的时间限制。不管怎样,我们的案件记录证据毫无疑义地表明,清代县令把此例理解为对不明交易制定三十年的时间限制。岸本美绪的著作载有清代杀人案件中县令依三十年规定判决的三个例子(岸本美绪,1996:附录,17—18)。

第五章 典

经济的逻辑,这个问题根本就不该出现。它假设价格基本稳定。因此回赎须依原典价进行,而绝买则须补足原典价(在20世纪30年代的华北,这一价格通常是绝买价的60%—70%[黄宗智,1986：184])和土地全价之间的差额。但在价格经常波动的市场经济中,后来的交易逻辑应该是依当时的价格而不是原价格进行,绝买者和回赎者双方均得支付土地典价与时价的差额。

《大清律例》采取了介于二者之间的立场,尽管这一立场离前商业经济的逻辑比离市场经济逻辑更近。首先,它根本不考虑要求回赎土地者支付土地溢价的可能性。不管市场价格有多大变化,出典人有权仅仅支付原价赎回他典卖的土地。但绝买全然不同,这方面市场逻辑流行到这样的程度,以至于1730年的例要求绝买土地的典权人以时价支付。也就是说,他得支付原典价和市场时价之间的差额。用法典的话说,交易以"凭中公估"的价格进行,并"另立绝卖契纸"。清法典称此种交易为"找贴"。由于古汉语的灵活性,"找贴"一词不仅可以用作名词指那种支付和交易,也可以用作动词指买卖任何一方所采取的行动。于是,出典人可以说"找贴"他的土地,意思是他现在是在以他得到的原典价和此土地的市场时价之间的差额绝卖他曾典卖的土地。同样地,典权人也可以说"找贴"土地,意思是他利用那笔钱购买剩余的权利以便拥有全部的所有权。另外,如《大清律例》在其1730年例中所做的那样(例95-3),任何一方的行为都可以由此词的缩写指代,即利用此合成词中的任何一个字"找"或"贴"。

但"找贴"支付是清代法律编纂者所能容许的市场逻辑的极限。在民间做法和话语系统中有"找价"的概念,即典权的市场时价与其原先典卖交易时的价格之间的差额(因为典权的价格是与土地的价格成比例上涨的)。很清楚,在1730年的例之前,出典人可借威胁以原典价回赎典产而不断要求额外的"找价"。这样一来,出典人和典权人在"找价"上存在频繁的冲突和诉讼也就毫不奇怪。为回应这种情况,清代法典试图通过规定仅限一次"找贴"来阻止出典人的不断需索。它从未承认或批准习俗中的"找价"概念(它根本就没有使用这一术语)。根据法律,只能有一次"找贴"。

出售和转典典权

市场惯习给立法者们出了另外一个难题。典不仅给予典权人使用此土地的权利,也给予他对土地部分的所有权。因这种权利带有市场价值,它被广泛地买卖。在最简单的形式下,它被典权人绝卖给第三方。但它也可以被典卖,在一定的时期内可以回赎,像原先出售它一样。换句话说,典权本身可以被典卖,交易中这叫作"转典"(后来的国民党民法典所使用的正式英文翻译是"sub-dian")。案件记录表明转典发生得相当频繁。

清代法典完全没有留意这些惯习。也许是因为它们还没有产生很多的纠纷而迫使立法者去立新法,或者是因为立法者们坚持前商业逻辑优于市场逻辑而干脆拒绝承认这些市场惯习。

既非租赁亦非抵押

至此我们应该清楚典绝对不是租赁。此事在某种程度上会有些令人困惑,因为实际中典有时会被称作租赁以应付法律。新的典权人接管典卖土地的耕种,可以通过自称提前付租或支付地租押金(实际上是支付的典买价),以换取一段特定时间(实际上是双方同意的典期)内免租耕种的权利,来避免外表上表现出典买。这是处理旗地的常见方法,因为依照法律,旗地是禁止售与普通汉人的。艾仁民(Christopher Isett)指出这种托词在东北尤其普遍。那儿到处都是旗地,这些旗地在有清一代越来越多地被暗中典卖或绝卖给汉移民(Isett,1998:第四章)。为禁止此类非法行为和表达,法典明确规定旗丁租出旗地(运田、屯田),得以一年为限期,并不准提前收取任何租金(例 95-5)。不过,事实上旗地仍被迅速出售。

在惯习中,典(有保留的出售)与抵押(借贷中作为抵押的土地)之间的区别非常清楚。在抵押中,借款者并未放弃土地的使用权,但他一旦未能偿付借款,作为抵押的土地的所有权将转给债权人,起码是应该如此。实际上,抵押的契约并非一定明确无误。20世纪初司法部所做的地方习俗调查表明,在江苏省的一个县,即使在拖欠贷款之后,土地所有权的转让通常也会推迟 5 年、7 年或甚至 10 年,不像"动产"的转让到期立即进行(《民商事》,1930:318)。也许正是因为土地让渡中的此类困难,这些交易有时附有其他契约。如浙江嘉兴县乡民告贷时还得以不动产作抵写立卖契,以备在拖欠贷款的情况下使用(同上:1018)。在福州甚至有这样的做法:债务人须签一份契约,假装产权属于债权人而自己不过是在租种此地(同上:1077)。①

这些纯粹是地方的做法。清代法典立有条款承认典习俗的合

---

① 在台湾,将一块地的权契作为贷款抵押时,称作"胎借"。"典"只用于有保留的土地出售。见艾力(Allee),1994b:135—136。

法性,但没有承认抵押的合法性。与抵押最接近的范畴是"典当",主要用于动产(律149)。

于是习俗与成文法在清代以错综复杂的形式组成我们所知道的典。法律承认典卖土地有"权"回赎的事实,因此也赋予了它合法性。尽管这样,为处理争端,法律规定那些没有明言回赎的典契有三十年的回赎限期。清代法典也承认土地市场价格变动的事实,但它只允许买卖双方绝买(卖)时"找贴"一次。

但清代法典不可能完全迈入自由市场经济。它不允许出典人利用土地价格上涨(亦即典价的上涨),乘机向典权人不断索求"找价"。它根本就不承认买卖典权的惯习。这样,典习俗体现了清政府在孪生逻辑间寻找微妙的平衡适中。清政府在很大程度上承认帝国晚期市场交易的现实,但也坚持从前朝继承的前商业逻辑的某些方面。

清代的习俗与法庭行为

通过考察案件记录,可以更清楚地看到典的特殊性和复杂性。① 多种多样的诉状和反诉同时为我们显示了民间习俗和法律实践,并有助于进一步阐明前商业逻辑和市场经济逻辑两者如何在典中纠缠在一起。

前商业逻辑

很明显,出典人一般都认为他们拥有无限期的回赎权。我们

---

① 以下讨论以22件清代典案件为基础:巴县11件、宝坻3件及淡-新8件。

第五章 典

有不少案件提到人们试图赎回许多年以前典卖的土地。如在19世纪宝坻的一件案子中，赵永的曾祖父曾在1788年典卖土地给一个姓项的人，项后来又把土地租给两个佃户刘和与刘顺，他们耕种此地已不止45年。现在（1865年），赵永想赎回土地，他用抢割佃农麦子的方式来表明他对此地的所有权。由此引发了一场角斗和诉讼（宝坻，104，1865.5.22[土-16]；亦见宝坻，106，1882.2.18[土-22]）。又比如，在新竹，李进声的叔祖曾在1835年把他的地典给苏恭。46年之后（1881年），刘想从苏的孙子苏黎手中将地赎回，结果也引发争端与诉讼（淡-新，23208，1881.11.21[土-130]）。

在最初的典交易以后很久再提出回赎要求，某些出典人并不是真的想赎回土地，而不过是试图逼迫典权人支付额外的找价。但毫无疑问，社会习俗和成文法允许永久拥有土地的理想存在，也允许对被迫出售其土地的穷人给予特别关照的伦理存在。

在上面所引的第一个例子中，争端最后在法庭外得到调解。赵永被允许留下他抢割的麦子，这也许正是他起初所想要的东西。作为交换，他保证让项姓典权人继续租田给现在的佃户。他能保留他抢割的麦子，也许可以视为对其无限期回赎权合法要求的承认。在第二个例子中，县令在起诉状上写下如下的批语："该田系尔叔祖出典苏恭……其孙苏黎等安能抗赎？"案件记录到此为止，可能是因为诉讼当事双方已经预见到县令将如何判决，因此通过调解达成妥协。

甚至绝卖的土地也可能被认为并非完全绝断的交易，因为法庭有时像社会习俗一样倾向于承认出售土地者对其土地的道德与感情依恋的合法性。如果出售者的祖坟坐落在耕地内而又必须包

85

含在交易中,往往会引起这样的争端。在巴县(也许还有其他的地方),在这种情况下通常会制定一些预防措施。这方面的习俗逐渐演化成让出售者在契约中特别说明他可"摘留"坟地。

但多起案件显示,这种安排充满潜在的冲突。有这么一个例子,当几年以后买者的儿子在坟地上牧养牲口时,原主人提起诉讼(巴县,6.1:761,1777.3[土-42])。在另一个例子中,当新主人在坟地上种庄稼时,原主人提起诉讼(巴县,6.2:1427,1796.6[土-47])。那些易手多次的土地,更容易引起争端。例如,在田产转手三次之后,当新主人想把他自己的母亲葬在坟地上并砍伐其上的林木时,前业主提起诉讼(巴县,6.2.1421,1807.4[土-46])。在另一件案子中,旧业主提出诉讼,因他得知买家转售了土地而没有为他摘留坟地(巴县,6.3:2637,1822.11[土-99])。

第一件案子由邻居调处,他们核实被告没有一再侵犯坟地。换句话说,社区承认旧业主对坟地的权利。在第二个案子中,中人对于土地的争执没有提出任何看法,而是找出了隐藏的真正的争端(但没有加以说明)。在第三个案子(也由邻居调处)中,两造皆同意"日后坟茔各管,不得复生祸端",因而也承认旧业主对土地的要求的合法性。最后,在第四个案子中,县令同意调查此事,亦即承认原告要求的合法性,尽管他还是做了这样的批示:"如系借坟需索……定行重处不贷。"

当新业主觉得旧业主超过了道德所允许的要求范围时也会引起冲突,如果契约没有特别说明保留坟地则更是如此。有一个例子,当原业主继续在已转手三次的土地上搭棚住宿并砍伐坟地以外的树木自用时,该产业的新业主提出控告(巴县,6.2:1430,

1797.8[土-48])。与此类似的是,一个贫穷的寡妇和她的儿子不得已出售了土地,但之后因无处栖身而在其祖坟地上搭篷占居,新业主因此控诉(巴县,6.4:1707,1851.8.19[土-54])。我们总共有七宗巴县档案涉及新业主控告旧业主侵犯他们的权利。①

在刚刚引用过的两宗案件的第一宗中,被告在契约上摘留了坟地,因此对其有合法的权利,但他明显侵占了坟地以外的土地。调解者商定澄清坟地边界并要求被告赔偿他砍伐的树木,以此解决争端。在另一宗案子中,寡妇及其子在出售其土地时显然没有摘留坟地,因此当他们听说被控告后就做出让步同意搬出,没有坚持到正式的庭讯,原告随即恳请销案。

巴县的这些案件清楚表明,在前商业经济中,土地远不仅是一件可以买卖的财产。它甚至也不只是维生的基本来源。它是一个人尊严感的根本基础。它使一个人有别于"无家可归"而被迫四处漂泊之类的可悲者,它体现了他的香火的延续,具体的表现就是家庭坟地。因而出售土地的行为对售者具有深刻的象征意义。正是认识到这一事实,习俗逐渐演化为允许售者摘留家庭坟地的所有权。② 尽管清代法典没有特别提到此类惯习,法庭明显地倾向于承认它的合法性。

这种同情被迫出售土地的农民的文化,给前面提及的种种敲

---

① 除上面所引两宗案件,见巴县,6.1:739,1774.8[土-37];6.2:1415,1797.1[土-15];6.2:1418,1797.3[土-44];6.2:1430,1797.8[土-48];6.3:2623,1852.8[土-89]。
② 这在华北的习俗中也很明显。买方设宴庆贺交易完成并感谢中人,但卖方绝对不会被指望同样设宴,这证明了人们认为他显然是受损失的一方(黄宗智,2001:55—56)。

诈勒索行为提供了机会。然而法庭对这种滥用并非视而不见,对处罚作恶者也绝不犹豫。例如,有这么一个例子,是宝坻县一名叫周福来的人在1839年的案子。几年前福来的父亲曾典卖过十亩地,这块地随后由福来的叔叔(被告福顺的父亲)赎回,立有书面契据。后来,福来以不知多少钱将此地绝卖给他的叔叔。这次买卖也有契约记录。到了1839年,福来已一贫如洗(他连老婆也卖了,无家可归,四处流浪),于是捏控诬告其堂弟福顺强占了他仍保留有回赎权的土地。知县经核实真情,下令以妄控罪责福来二十大板(宝坻,194,1839.2.23[土-1])。

在新竹1882年的一宗案子中,又是书面契据使原告遭难。李溪猛的父亲很久以前曾典卖一块地给被告梁福的祖父。溪猛后来又将该地按找贴绝卖给新的典权人(这位典权人曾从梁福的父亲手中购得典权)。双方签有契据以证明系绝卖。这个例子中的问题是契据本身的合法性。李溪猛声称那是伪造的,因此他有权回赎土地。法庭查实该契据既真实且合法(即已经纳税),下令当堂答责李溪猛(淡-新,23209,1882.3.8[土-1317])

在第三个例子(来自1797年的巴县)中,两兄弟回到祖辈三十多年前售出的土地上"搭篷霸居",伐竹木出售,且向新业主索诈。法庭根据新业主的告状认为兄弟俩可能是"借坟滋事"。后来似得到村首和四邻的确证,兄弟俩因而同意调解息事(巴县,6.2:1418,1797.3[土-44])。

市场逻辑

上引诸案显示了前商业理念的力量,但它们也显示出其反面:

市场逻辑对过去的商业理念的侵蚀不断增加。在绝卖中，新业主控告原业主就是因为他们认为其权利受到侵犯。凭市场购买的事实并依照法律，他们视自己为新业主，拥有全部产权。这就是他们要抵制原业主回赎要求的原因。这也是他们不肯接受原业主对坟地的要求并请求法庭处理的原因。即使那些只典买了土地的人也倾向于认为所买之地属于他们，经过长时期之后更是如此。这也就是为什么在最初的交易进行多年之后，当出典人要求回赎其土地时会引发冲突和诉讼。不难理解，一个长期持有典权的人会理所当然地视土地为己有。

如果典权人不是把地回租给出典人，而是自己耕种的话，他对此土地的所有权感觉就会更强烈。如在1868年的新竹，黄万盛曾从梁本立处典买过一块地，约定期限十年。黄在典期内耕种土地，据他所言，他通过修筑坡坝提高了该土地的生产力。到了梁回赎产业的时候，黄因做了投资不愿意。梁当然不同意放弃回赎，诉讼遂起（淡-新，23201，1868.10.23［土-123］）。

一个想要赎回典地的人很可能会发现，他面对的不仅仅是当初与他或他的先辈做交易的人，因为典产具有可进一步交易的市场价值（确实，在这个处于帝国晚期的商业化了的小农经济中，即使是租佃权也具有可交易的市场价值）。新的典权人可能利用典权作为贷款的抵押，也可能把典权售予他人，或典卖或绝卖。我们已经看到，清代法律从未承认此类典权交易。

这样的做法会把这些交易完全搞混，正如新竹1873年的一件案子那样。案中原告萧源的叔婶在他不在场时把家里的田典卖给曾火炉的祖父，期限定为20年。典期到时，萧试图赎回土地，但得知曾火炉不再据有典契,因他用此典契作抵贷了一笔款(或至少他说是这样)。此外,曾坚持其祖辈绝买了此地,不是典买此地(记录到此为止。淡-新,23202,1873.10.18[土-124])。

如果典权已被转卖,回赎将变得更加困难,一件18世纪的巴县案子就是这样。杨攀龙曾典买了刘洪志的一块地(那儿对典的称呼是"当"),然后在土地价格上涨时把地转典(转当)给了另外一个人。此前刘控告过杨,要求得到杨的部分利润,并成功地让法庭命令杨额外付他20两银子。在这个新的诉讼中,杨要求刘赎回土地。对刘来说,他想以他收到的典价与土地的市场时价间的找贴差额绝卖其地。但他在杨同意首先赎回他转典的典权之前不能售出土地。法庭下令刘另寻买主,并警告杨在刘找到买主时不得阻挠交易——他必须赎回转典权并让刘出售土地(巴县,6.2:1413,1796.11[土-14])。

1879年新竹的另一件案子更加复杂,案中曾邦在若干年前把他的土地典给曾文。曾文后来又把典权转典给曾瑞钦的父亲。但当曾邦试图赎回其地时引起了一场纠纷,原来他的弟弟瑞妙曾用该地余下的所有权向首位典权人曾文借钱,而且这笔钱仍未还。但我们知道,实际上原告曾邦对重新得到土地并非真的感兴趣,他只是想借回赎的威胁得到一笔更高的绝卖价。他原先已以420元的价格把土地典给曾文,当价格上涨后,曾文以445元的价格将典权转售给曾瑞钦的父亲。曾瑞钦的父亲不久前出价560元将土地绝买,以图其进一步涨价,甚至付予曾邦10元的押金以确保成交。但因认识到该土地的价值会持续上涨,曾邦又另打主意。他决定起诉要求赎回土地,企图挣更多的钱。在所有这些过程中,原典权人曾文仍有一定的发言权和所有权,因为转典之后他保留有部分典权,也因为他借钱给曾邦的弟弟而有部分所有权(淡-新,23205,1879.2.18[土-127])。

梳理该案子对任何县令来说都是一场噩梦,在各方的多次起诉和反诉之后,它最终经由三方的亲族调解解决。虽然我们不知道最后处理的细节,但现存记录本身已足够显示市场的做法已把前商业经济理想改变到了什么样的程度。像这样的土地出售,根本不是清代法典想象的只涉及原出典人和典权人两方的简单事情。想要买地的人是一位转典权的持有者,他必须想方设法得到原典权人及出典人的同意。原来简单的交易不仅仅牵涉多方,而且"所有权"本身也被各方分割成不同形式的好几部分。在这个案子中,前商业逻辑下的典的理想显然已被缜密复杂的市场实际做法取代。

与前商业理想中的无限期可赎并无不同,支持这些做法的市场逻辑容易被滥用。最通常的滥用形式,是当某个地主典卖一块他已经典卖给他人的土地时,在同一块土地上得到多次买价支付。例如,在1775年的巴县,周登荣曾把他的土地典给三个不同的人,从每一个人那里他都得到了他认为公平的补偿。后来他屈从于其中一人而把田绝卖给他,事情因此暴露。另外两位典权人向法庭起诉,要求周偿还他们已支付的典价(巴县,6.1:749,1775.10[土-71]。类似以欺诈手段出售的案件见巴县,6.2:1428,1797.8[土-85])。

在同一年巴县的另一件案子中,刘顺珍及其兄曾从张伦元及其兄手中购得一块地。刘氏兄弟中的一位(哪一位不详)显然没有足够的钱购买,他同意把部分典权让回给张氏兄弟。但之后他又改变主意将该部分典权卖给第三者刘秀珍(巴县,6.1:746,1775.3[土-70])。该案件的事实真相扑朔迷离,各方陈述互相矛盾(档案记录也未显示有任何清楚的解决结果)。我引用它只是作为一个例子,以表明典的制度可以如何被利用和滥用。

《大清律例》的典卖土地条款提到这样的违法行为。该律(律95)(沿袭自明代)明确禁止出典人出售已经售与他人的典权。但很明显,这些欺诈行为一直存在。当小农经济变得日益商业化时,我们可以推测它们变得更有吸引力。

民国时期的典惯习

民国案件记录表明,尽管商业化程度不断加深,典惯习仍有强大的力量。① 人们继续期望典卖了的土地可以无限期,或至少在很长一段时间内回赎。例如,在顺义,原告王永增的父亲王锡全曾典给张桂林三亩地,张后来又转典一亩并把剩下的二亩租给被告王公新。到了1922年,永增想赎回土地,但公新不肯。永增设法说服了原典权人张桂林控请赎回他转典给公新的一亩地,然后永增从张手中赎回全部三亩地,但王公新及其一家拒绝把土地让与永增。于是永增要求法庭维护他赎回土地的权利。法庭最后裁定永增胜诉并下令警察和村长强制执行判决(顺义 2:212,1922.7.4[土-701])。又如在乐清,吴寡妇的丈夫在 1916 年曾典卖掉他三块地

---

① 以下的讨论以 16 宗典案件为基础:顺义 7 件、乐清 5 件及吴江 4 件。

第五章 典

中的一块(另两块地绝卖)。29年之后(1945年),当吴寡妇要求赎回该地时,法院准其所请(乐清,1945.11.30[土-3])。

买卖典权的复杂市场惯习在民国也继续发挥作用。在刚引用过的王永增的案子中,原典权人张桂林曾将土地转典给王公新。当永增要赎回他的土地时,不是原典权人张桂林,而是转典典权人王公新抵制回赎。在乐清另一个相似的案子(1945年)中,钟左川曾典出他的两亩地,这两亩地后来由其姑表兄张茶盛赎回。依照典的逻辑,只要有能力,钟应该可以从他的姑表兄处赎回他的土地。然而张茶盛趁土地市场价格上升之机把典权绝卖给了朱再烈,但没有征求钟的同意。钟同时控告张、朱两人,试图赎回土地,法院判决认为他在理(乐清,1945.7.24[土-1])。

这两宗案子,像民国时期的许多案子一样,与清代例子并无不同。但下面陈述的大多数例子则从不同的侧面表明了国民党法典的影响,因此我们有必要在此暂停一下,看看在产生那些法院行为之前,法律如何被修改。

晚清法律改革者认为典的所有习俗都是非现代的。在他们的新民法典草案(《大清民律草案》,1911)中,他们简单地把典完全去掉,只允许借贷中存在"抵押"(mortgage)和"质权"(pledge),要不然就只是简单的市场绝卖。他们完全没有提及典。但国民党法典清楚指出,典和那两种借贷契约有着极大的差别。在典交易中,土地占有和使用权立即转移;但根据"mortgage"的概念(立法者在这里使用了令人误解的"抵押"一词,该词在民间习俗用法中的含义与这里不同),交易时土地的占有权并不转手(第860条)。另外,只有在对方违约欠付的情况下,抵押权者(或受押人)才能要求取得售出产业所得的款额,但他不能占有该块地本身。实际上国民党法典第873条宣布任何与此相反的契约无效:"约定于债权已届清偿期而未为清偿时,抵押物之所有权移属于抵押权人者,其约定为无效。"

质权(这是20世纪立法者采用的新词)的契约也同样不涉及占有权的转手。但在此"质权"的条件下,违约欠付时所有权确实要转给债权人。那是1911年新民法典草案中从一开始就使用的"质权"的概念(第1195条)。它参照《德国民法典》(潘维和,1982:313)。国民党立法者使用了同样的术语,但他们明确把质权仅限于动产,不允许用于土地(不动产)。

对晚清法律改革者们来说,修订过的《大清律例》只是发布新的、完全现代的法典前的临时性措施,因此他们愿意在一定的限度内容忍典的存在,即保留典售可以回赎及典地可以以一次性额外找贴绝卖的规定(《大清现行刑律》按语,1909,"田宅":22a,b)。但他们认为,1753年例中30年的时限已经过时且不甚相干,因此决定将其摒弃。作为解释,沈家本和余廉三表明:"今此例遵用已百余年,早无从前契载不明之产。此层应即节删,例首'嗣后'二字亦应删去。"(同上:22b,23a)但沈和余对当时实际情况的认识是完全错误的,因为当他们这样写的时候,许多没有注明是否绝卖或可回赎的土地正在被出售。

而且,民国早期许多地方土地价格的上涨更是增加了典纠纷。一如1915年大理院说明的那样:"加以现在地价渐昂,当时贱价典当者,群思收赎以图余利。受典当之户,业经数十百年,久已视为己物,亦决不愿任其贱价赎回。此种种龃龉(同"纠葛"——引者

注)所由起也。"(郭卫,1912—1927,1:171—172)①

问题变得如此严重,以至于北洋政权的法学家们决定必须修订正在使用的修订本清法典。1915年10月9日,司法部发布了一道特别的《清理不动产典当办法》。第1条重新采用了原法典的规定:日期超过三十年未说明以何种形式出售者作绝卖处理,其他时限短于三十年者可以回赎。但第2条在旧法典允许无限期回赎权存在的地方(有契约明确规定为典买时)规定了六十年的时限。北洋立法者显然不愿意返回到地产不能让与的前商业思想(《法令辑览》,1917,6:179—180)。

国民党立法者不得不正视典的问题,不过他们对中国现实的把握要远优于晚清改革者。他们充分认识到典卖与抵押和质权大不相同,晚清改革者曾试图把典习划归到后两类范畴。由此,中央政治会议指示起草者们重新采用"典",立其为一个独特的法律范畴。首先,他们解释道,要明白无误地认识到它既非抵押亦非质权。更重要的是,典"实远胜于不动产质",因为它对待出典人比较仁慈,这些人"多经济上之弱者"。典允许他当价格下降时"抛弃其回赎权",亦即免"负担于其物价格",而于价格上涨时,可以由找贴权获得利益。

中央政治会议骄傲地说,此"诚我国道德上济弱观念之优点"(潘维和,1982:107)。新民法典将会用一整章的条款来处理典(在法典的正式英译文本中使用了原中文词,音译为"dian")(第三编,

---

① 岸本美绪(1996)极有说服力地证实了明清土地价格上涨与找贴回赎纠纷间的联系。

第八章)。①

在该章中,国民党立法者保留了未经修订的《大清律例》,以及北洋政府针对典卖的规定的基本要义。但他们对回赎权的期限做了重要的修改,将其缩短到三十年,亦即仅为北洋立法者允许的期限的一半(第912、924条)。按他们的说法,这是必要的修改,以使产权明晰。在他们看来,如果没有时间限制,"则权利状态不能确定,于经济上之发展甚有妨害"(《中华民国法制资料汇编》,1960:10)。

国民党立法者还决定让买卖典权的民间惯习合法化,正式允许清律所未曾允许之做法。第917条规定典权人可以把典权让与他人,第915条更规定典权人可以转典或出租典物与他人。这里我们看到他们对市场的现实做法做了更多的让步。

最后,国民党立法者像他们的清代同人一样,决定否定民间的抵押惯习(借贷中以土地为抵押,这里的抵押不同于国民党《民法典》使用的"抵押"[mortgage]一词)。中央政治会议在其"立法原则"中直截了当地说:"我国习俗,无不动产质而有典。"(潘维和,1982:107)

---

① 注意:1929—1930年《民法典》是国民党政府统治下关于土地关系的立法的关键性文件。前面提到,直到1946年国民党政府才下令全面实施1930年的土地法。但不管怎样,它在本章和下章讨论的与典和田面权有关的议题中没有增添任何新的内容。

持续的问题

到此为止,我们对典的分析只限于全面性的讨论。现在我们转向分别集中讨论围绕这一习俗并贯穿整个过渡期内的四个问题:找贴、回赎的时限、转典,以及典与抵押(其民间的用法)之间的混淆。立法者们对所有这些问题的共同思路,是寻找一条调和前商业逻辑与市场逻辑的途径。

找贴

我们已经看到,当土地(及其典权)价格上涨时,出典人可能会试图借威胁赎回出典地而从典权人那儿榨取找价。苏州沈氏家族的土地交易是这方面的清楚例证。涵盖1659—1823年土地交易的记录簿中,有许多同一块地多次找贴(或用他们的话说,贴)的例子。例如,沈家在1663年从桑振泉处以四两银子典买了一亩地,此后又额外支付了如下数额贴银:1860年四两、1701年二两,以及1716年二两。原典交易七十年后,1733年最后绝买时再支付二两四钱(绝买银)。1659—1729年间的53份账目中,28份表明有两次以上追加支付,仅11份是通过一次性支付找贴获得绝买权(洪焕椿,1988:90—95)。

1730年清政府颁令只许找贴一次之后,沈氏家族的找价支付情形急剧减少。以接下来几年(1731—1743)同样份数(53份)的账目为例,我们发现只有8份显示有两次或多次额外支付,而30份只追付一次就获得绝买权。此后,多次找贴现象变得越来越稀少。

1744—1823年间的488份账目中,只有5份表明沈氏家族在获得最后的绝买权之前有两次额外支付。它似乎说明司法体制成功地消灭了该惯习(洪焕椿,1988:94—145)。

我们的案件记录中,只有1件简单提到有一个法庭实施1730年的例,从中我们可以看到出典人和典权人双方都想利用市场价格的上升获利。这就是前面引用过的1796年巴县的一个案子。案中杨攀龙曾典买刘洪志的地。当价格上升时,杨首先靠转典谋利。但刘也成功地控告杨补付找价而分得部分利益(20两银子)。当土地价格进一步上涨时,两人陷入激烈的争执,刘要求杨绝买土地,杨则试图迫使刘以市场全价赎回土地。法庭决定中止他们的伎俩,下令刘另觅买主、杨赎回转典权并不得阻挠刘出售。

我们已经看到,以保护弱者不至于被迫在通货膨胀的情况下赎回产业为理由,国民党立法者们重新采用了清代旧法典针对典的条款。这或许也是因为对完全自由的市场经济有所保留。其实,法律系统对这个问题的立场当时已无疑问,因为1915年时大理院已经确认这一立场。颜俊臣是一份价值增殖不少的产业的典权人,他曾在地方法庭中控诉要求出典人应以市场时价赎回典权,而不是以多年前的原典价回赎,但结果败诉。他在此次诉讼——也是他最后的上诉中最终也没有成功。法院判决的理由很简单:法典没有如此条款,而且"以该地方典物回赎惯例,系以出典时之实价取赎为断定之标准"(第二历史档案馆,大理院,241:878)。

但此立场将会再次遇到挑战,在战时中国物价飞涨的情况下挑战更加明显。在乐清县,朱亦明在1937年以当时较低(因战争导致萧条)但仍不失公平的150元钱典给林光地一幢房屋。他们的契约要求八年内回赎,但到期(1945年)当朱亦明想以原价赎回其田产时,战时通货膨胀已使150元贬得几乎一文不值,典权人林光地争辩说朱应该支付至少10 000元作为补偿。林同颜俊臣一样没有上诉成功。法官裁定,依民法典第923条之规定,朱可以赎回产业。虽然判决没有提到该支付的金额,但明显的暗示只可能是典价原额(乐清,1945.11.13[土-2])。在这个例子中,法律的字面意义被严格遵守,但人们不禁要质疑这是否公平,以及典权总是以原价回赎的原则在如此清况下还能维持多久。

时限

虽然笔者研究的清代案件(来自巴县、淡-新和宝坻)中没有对时限不明的契约运用30年规则的例子,但在保存于刑部的命案档案中我们有证据表明它的应用。如在1762年,唐用中试图赎回其父1723年售与被告王有然之父的土地。接着发生了一场斗殴,有然的儿子被用中的侄儿杀死。有关争执中的财产,刑部指出因为最初的交易并未载明能否回赎,则适用1753年的30年规则。而既然30年期限已过,该土地严格说应属于有然(《清代土地占有关系》,1988,2:案例167。其他例子见案例173、196,亦见岸本美绪,1996:附录:17—18)。

回赎应有时限的概念本身从来不是个问题,只是沈家本和余廉三认为已经不须再援用。我们已经看到,无论是北洋政府立法者还是国民党立法者都并非以为这个习俗已经不存在。对他们来说问题是双重的:制定最大期限、最小期限。北洋政府把清代的无限可赎期降低到60年,是对市场逻辑做了让步。但它也努力维护出典人的权利,确保无论契约所载期限如何,他们可以在10年之内赎回土地(第8条;《法令辑览》,1917,6:181)。

国民党法典试图做到两全其美。它进一步把回赎期限缩短到30年,但同时把最低时限延长到15年,借此提高对出典人的保护。根据第913条,即使约定期限不满15年,典权人不可到时借以获得绝买权。

复杂多样的时限规定以及它们在北洋政府和国民党政府统治时期的变化,在几宗案件记录中很好地表现出来。在乐清(1945年),寡妇吴黄氏要求赎回她丈夫1916年售出的一块地。他还售出了另外两块地,契约明载不得有找贴或回赎(契约上写的是"永后不找不赎"),但在诉状中的这块地,契约所写的是"不找取赎"。法院判决认为既然这是一笔典交易,而且仍在30年法定期限内,那么吴寡妇有权赎回土地(乐清,1945.11.30[土-3])。

类似地,1927年在顺义,张有岑要求赎回他在12年前(1915年)典售给其兄有寿的土地。契约只载明交易是典,没有说明任何时期。很明显在法律看来张有岑是有理的。争执由社区调解平息(具体情况不详),双方没有继续追求法院判决(顺义,2:472,1927.3.15[土-151])

因法律标准的改变所引起的复杂情况的最好例证是1947年的吴江案件。案中原告是另一位吴姓寡妇,她的公公于1921年向朱春芳典买了一块0.08亩的宅基地,她声称大家理解的回赎期是5年。因已过去26年而地仍未被赎回,吴寡妇坚持此地现在绝对完全属于她。另外,被告朱桂卿则声称原业主朱春芳已在1942年从吴寡妇处赎回该地,然后售给他,当年他即占有并使用了该块地。

对法院来说,首先要弄清楚的问题是迟至 1942 年朱春芳是否还有赎回土地的权利。在回答该问题时,法官指出最初的交易发生在国民党法典"物权"编正式生效的 1930 年 5 月 5 号之前,因此应该以北洋政府 1915 年的《清理不动产典当办法》为准。根据《办法》中的第 8 条,回赎权可以持续至少 10 年,哪怕契约上载明的是一个更短的时期。这块地既然是 1921 年出典的,那么国民党法典颁行时该典仍然有效,因此应依该法典处理。由于书面契约并未载明具体时期,只写明是典卖且可回赎,因此适用 30 年规则。最后自 1921 年初次交易后时间尚未过去 30 年,因此朱春芳在 1942 年的确仍有权赎回土地。

但经仔细考虑所有这些后,法院发现有证据表明朱春芳并未如被告所说在 1942 年赎回土地,这样他就不能合法地将土地出售给被告桂卿。就法律上讲,吴寡妇仍是典权人,虽然不是如她所称的全权业主。照此,应是吴寡妇而不是被告拥有土地的使用权,法院就此判决(吴江,206.1:141,1947.10.24[土-15])。

在这里,法官相当复杂的辩论揭示出法院为达成判决所必须全面考虑的繁多规定。无论是清代法典、1910 年的现行刑律、北洋政府 1915 年的《办法》,还是国民党 1929—1930 年的法典,对典卖土地可回赎这一习俗的合法性都无疑问。但在试图调和永久拥有土地的理想和土地价格迅速上升的市场现实之间各不相同的矛盾的规定方面,理想日益让位于现实。

出售和转典典权

根据清代法典的字面意义,典只涉及两方。但我们现在知道,惯习常与法律不一致。一份典可能牵涉最初交易双方以外的三方或更多方,而且根据清代法典的字面意义,典只牵涉对某一件财产的单一权利。但案件记录显示有些典权人把他们的典权分解,将不同的部分以不同的形式(作为部分性的所有权、作为贷款抵押或作为可以回赎的财产典卖)出售给不同的人。

清代法典并不承认这些市场惯习。清法典坚持其对典的简单的看法和想法。它对市场逻辑的让步仅限于以上讨论过的那些。国民党法典编纂者们则想让法律与社会惯习更紧密地配合,但他们无法预见新立法可能引起的一大堆问题。上引钟左川案件就是一个好例子。我们可以回忆一下,钟要求赎回最初被典卖但后来由其表兄张茶盛回赎的土地,只是他发现张同时已把其获得的典权转典给了朱再烈。张的行为当然完全合法,是新的国民党法律所允许的。但它留给钟一个问题:为行使法律保护的回赎权,他必须不仅征得其表兄张茶盛的同意(因他拥有典权),还得征得朱再烈的同意(因他拥有转典权)。这既是钟的控诉把张、朱两人并列为被告的原因,也是法院在判决时下令两人都得尊重钟的回赎权的原因。

我们可以想象,如果还有其他的转典,或是全部典权或是部分典权,将可能会引起多么复杂的情况。为维护法律保证的回赎权,原告与法院可能得与更多的被告打交道。作为一个有用的例证,让我们回到1879年曾邦的那桩噩梦般的案子。当原出典人曾邦想赎回其土地时,他发现自己面对多人,人人都对该地据有部分权利。首先有原典权人曾文,虽然他把那块田转典给了曾瑞钦的父亲,但通过他与曾邦的典交易,也因为曾邦的兄长以这块地作抵向他借了钱,他仍保有部分权利。然后是转典权人和想要成为绝买人的曾瑞钦之父。尽管局面已如此复杂,但还要加上曾邦本人的诡计图谋。他其实不只是想简单地赎回土地,还想如何使潜在的买主多付高价找贴,因为他算计土地会不断涨价。虽然因为案件最后由调解了结,我们对法庭会如何解决此案不得而知,但它仍然揭示了判决者所要应付的种种错综复杂的情形(淡-新,23205,1879.2.18[土-127])。这一切发生在清代,当时的法律相对而言比较直截了当,因而或许也相对容易执行,典交易因而被设想为只牵涉两方的交易。国民党法典既坚持回赎权又允许典权的交易,可以说为法庭带来了不少的麻烦。

典与抵押

在国民党法律里,典和抵押多有混淆,主要是因为法典中的"抵押"意义与习俗用法中的意义有很大的不同。我们看到,根据法典的定义抵押是"mortgage",如果违约欠付,借出人唯一的办法是拍卖出售土地,用所得款额清债还贷,他无权占有土地本身。对积欠违约者把产业让给借出者(这是民间习俗对抵押的理解)的借贷契约,法典用的词是"质权",或"pledge"。但正如前文已指出的那样,它不允许质押土地,只允许质押"动产"。

法典与习俗间这一分离的结果,是使有些借出人可能为了迎合法定范畴,把他们凭抵押的出贷表达为典卖。这样,在一件顺义1931年的案子中,原告田树椿借给蔺凤儒136元,蔺以十亩地作抵。该笔借款在四年内要付一定的利息(具体不详)。蔺继续使用该块地,他并没有像在典交易中那样把土地的占有和使用权让与

103

田。尽管契约、诉状和反诉均称该交易为典交易,但它实际上是习俗中的抵押,法官也正是这样精明地处理的。在这次裁决中,法官凭借的是习俗而不是法律条文判决:蔺必须要么偿清贷款,要么把土地让给原告(顺义,3:478,1931.6.24[土-19])。

在吴江的案件(1947年)中,被告的做法刚好相反,他是用"抵押"一词来表达土地的典卖。原告沈麓笙声称1934年他向彭芝开绝买了17.24亩地,然后把地返租给彭。因为彭两年没有付租,沈要求终止租约。但彭声称1934年的交易只是抵押而已,沈要求的地租其实只是贷款的利息。他宣称,在他与沈的约定中,该抵押的土地在十年内可以回赎(约定的时限明显已超过,但根据法典的十五年规定,仍有两年才到期)。

原告沈麓笙(有精明的律师代表)呈示了他1934年交易的书面契约,证明那是一次绝卖,附有"不赎不找"的字样。法院判决认为,既然沈是合法业主,彭确实只是他的佃农,不是出典人。那么,作为佃农,彭已积欠地租两年,沈因而有权终止租约(吴江,206.1∶250,1947.4.3[土-16];亦见顺义,3:473,1945.12.14[土-1])。我们不清楚为什么彭在其反诉中用了"抵押"一词,也许他其实是想争辩说他们的约定是典,可以回赎。或许他或他咨询的什么人把这些术语完全弄混了。不管怎样,法官没有被误导,当他驳回彭的反诉时使用的是正确的术语——典。

第三宗案件(出自1934年的顺义)显得更加复杂。顾祥曾典买了一块宅基地,后来又以它为抵押向被告张朝元贷了一笔款,典契移交给张。当原出典人要赎回土地并要回契据时,因为契据当时在债权人张朝元手中,顾办不到。而根据习俗中抵押的逻辑,张拒绝归还契据,因为顾仍欠他钱。受原典权人所迫,顾随即起诉张。法院的判决如下:"按典当地亩,以转移占有为要件。而抵押地亩,则不转移占有。"法院坚持最初的交易明显是典而非习俗中的抵押,因此顾事实上是把土地转典给了张。对于典产,不管典权人顾祥和转典典权人张朝元之间是否有其他贷款没有偿付,原出典人均有权赎回(顺义,3:828,1934.4.9[土-30])。

这一例子显示出纯市场经济逻辑与部分市场、部分前商业的典逻辑之间的紧张关系。出典人要求维护赎回他典售了的土地的权利,这与债权人的要求刚好相反,债权人想完全依信贷市场的逻辑行事。法院选择维持回赎权。

于是,在拒绝承认抵押这一地方惯习的过程中,国民党立法者们设立了一条反对市场惯习的界线。对于市场逻辑,他们比清代做出了更大的让步:采取三十年期限和终止无限期回赎权及允许买卖典权(包括转典这些权利)。但他们在抵押(让贷款人因借钱人积欠而取得所押)的土地上划清了界线。他们说他们宁愿坚持优越的典逻辑,因为它对出售土地的赤贫者比较仁慈。结果可以说是个分裂的现象:一个习俗消失了但另一个却得以维持。

第六章　田面权

与典卖土地中呈现的法典与习俗间的相互适应不同，田面权中呈现的是一方与另一方的对立。因而本课题最有意义的部分便是两者间的冲突，该冲突不仅表现在法庭上，而且也表现在它们各自的话语与逻辑上。本章从田面权的诸多方面开始，然后移向为什么清代法典和国民党法典均抵制此习俗及如何抵制。最后考察民国时期民间惯习和法律间的直接对抗。

习俗中的佃权与所有权的起源

根据习俗，一个通过其劳作和其他投入而对一块地的价值有明显贡献的佃户会得到对此块地的某种特殊权利。最普遍的例子是开垦湿地。这些荒地的主人把它们以低价租出，佃户们要进行必要的改良（排水、筑坝、灌溉、施肥等），把土地种"熟"。作为其贡献的回报，他们会得到该地的永佃权甚至田面权。这些权利只有在不能付租时才会受到威胁。在那种情况下,地主会收回土地,但他必须补偿佃户所做的贡献。

在商业化了的小农经济中,这些习惯权具有市场价值。它们以各种方式被交换和使用,这些方式包括:抵押贷款,典卖或绝卖,传给或分给后人等。①

草野靖(1977年)有力地证明了这些惯习始于宋代而在元明时开始广为流传。他提到元至正元年(1341)的一个故事("释冤结姻",陶宗仪著),说是一个叫司大的佃客变得穷困潦倒不能继续支付地租。依照当时的习俗,地主可以撤回租佃权并将它售与别人。这时就有一个叫李庆四的人出现。他买通了地主的一个仆人而购得该地的租赁权。作为报复,司大放火烧了李庆四的房子。后来,两人时运颠倒。李穷得无法继续付租,当他拖欠地租时司大经济条件已恢复到可能买回租赁权。对司极端愤怒的李也想烧毁司的房子,但在最后一刻,他认为还是不要这样做。李的这一选择打破了两人间的怨恨循环,使他们重归于好,甚至为他们的小孩定了亲,所以故事的题目是"释冤结姻"。撇开道德性说词不论,故事表明在明代前夕永佃权是可以买卖的。草野还给出明代早期的证据,表明崇明岛上的滩涂有两个分开的价格:原"买价"和"承价"(即户改良的价值)。这两个价格可以分开买卖。

一般来说,地主只拥有买价,承价属于佃户。这是一个相当于双层土地所有权的早期例子。在后来的一篇文章中,草野提供了明代闽赣粤交界地区和福建漳州有关土地双层所有权的更多的证

---

① 针对田面权的学术研究很多,除了下文引用的著作,另见韩恒煜(1979)、仁井田陞(1960)。

据(1984:28)。

在清代和民国时期浩如烟海的契约文书中,有关永佃权和田面权的出现,我们可以分出三种不同的类型。第一种也是最主要的类型即上面概述的那种,它直接联系到土地开垦。崇明的例子在近代时期,例如,在天津重复出现。20世纪初法部民事习惯调查中的地方司法人员对该情形是这样解释的:

> 在各国未通商以前,地旷人稀,地价极廉,而不毛者亦甚多。业主出些少之钱即可购得大宗地亩。然无所获,与石亩无异。于是乃招贫人垦种。定约之始,租价极廉,且多约内写明不准增租夺佃字样(《民商事》,1930:17—18)。

类似的过程也发生在广东省的蓝头岛,该岛在13世纪封给一位有进士功名的知县,李九渊(音译)堂(家族名)的成员。该家族后来把土地租给佃农开垦种植。这些佃农获得田面权的酬劳,李氏家族则成为田底主(帕尔莫[Palmer],1987:13—15)。①

当农民迁入垦殖因战争撂荒的土地或开垦山坡地时,会经历同样的过程。对于第一种情况,法部报告特别提到:

> 由洪杨兵燹以后,业主流离,土地荒芜,佃户即投资耕种。迨业主归来,即许佃户特别利益,准其永远佃种。相沿日久,

---

① 帕尔莫还指出,在他研究的地区(英国人到来之前的香港新界)大家族有时在耕种者(很多是客家人)开始整治土地之后诬称据有田底权。(1987:15—24)但最基本的形式已如上所列。

佃户竞持其永佃权,视为一部分之所有权,不准业主自由夺佃,业主亦无异议。故该习俗近今之效力,佃户可使子孙永远佃种,或任意将田面部分(即永佃权)变卖抵押(《民商事》,1930:317)。

该报告还提及一些地方上使用的不同名词,如浙江省的"山客"和"山主",它们同样有分开的权利:

> 江山县大陈乡一带先时均系荒山,后由山主招人垦种。山上树木等滋息即完全归垦户所有。厥后山客将所种树木转卖或抵押他人时,则名曰山皮;其对于山主每年须缴纳山租,名曰山骨租(《民商事》,1930:497)。

林惠海 1940—1943 年在靠近苏州的吴县孙家乡村进行了详细的实地调查,揭示了一种不同的过程。在该村,首先有一种契约,载明耕户要为一固定的时期,比如四年,垫付一笔押金(押租)。这些契约写明如果佃户欠付地租,押金就要被用来充抵所欠租额,直至租约到期,假使还有余钱会返还给他。此类押金显然是为确保付地租而交的保证金。

但地租押金也有永佃押金的作用。有一类契约中,只要付了地租,租赁就可无限延长。欠付会使契约作废,而在补付地租后,押金余额会还给佃户。但还有另外一种契约,约中的押金事实上是为永佃权支付的费用,实际上就是购买价。对该土地的权利可以出售或作为担保抵押,像任何一份产业一样。从这里到双层所有权只有咫尺之遥（林惠海,1953:160—166）。

在孙家乡,林惠海还提到第三种方式,其中含有双层土地所有权:某些土地所有者只出售田底而保留田面自用。他发现,在有的情况下,某些耕种者是因经济困难而被迫出卖田底权,但其他一些人的目的只是避免交税的麻烦。这就好像有位农户主,他曾拥有并耕种太平天国时期被抛弃的一块土地。后来,他决定卖掉田底权给一位住在镇上的地主并向这位地主交常规地租,而由这位地主负责纳税。田面权则一直保留在他自己家中,一代传一代,而同期田底权已转手三次（林惠海,1953:150—160）。

双层所有权的常规与语汇

一旦双层土地所有权建立后,田面权的买卖不久就会随之而来。原因之一在于这是一种简单而普遍的买卖财产方式,没有涉及国家。因为田面权所有者没有纳税义务且根本就不在国家税册上,他们可以通过非官方的"白契"进行换手,而不是按规定到衙门注册并为正式的"红契"付3%税（帕尔莫,1987:24—26）。

在某些地方,这一交易导致不在地主的城市资本进入农村投资土地,就像20世纪30年代的江苏开弦弓村,以及1899年时划给英国当局的香港新界那样（费孝通,1939;帕尔莫,1987:40ff）。如费所言,开弦弓的田底能像城里的"股票和债券"一样出售,而不用考虑田面（Fei,1939:186;亦见黄宗智,1992:110）。

上述关于永佃和田面权的叙述表明它们如何形成一个没有明确界限的连续体。永佃可以演化为双层土地所有权,也可以与双层土地所有权混合或共存。两者间的界限常常模糊不清,该事实可以从20世纪初法部调查中的共时证据得到很好的证明。

调查表明,该连续体的一端是明晰的田面所有权。例如,在福建古田县,研究者注意到:

> 田面主每年收租若干石,多由根主直接送纳。但无论如何,只能向根主追租,不得自由择佃。而田根之主除自己承耕外,批与他人承耕而坐收根租者亦有之。①

此田面所有者("根主")像任何土地所有者一样拥有对土地的同样权利:他耕种其地的权利不允许受到挑战;如果他欠田底主(此地叫"田面主")地租,他可能被迫通过出售他的田面或其他财产来偿付,但不可能像佃农一样从土地上被撵走,他可以把地租给别人而无须与田底主商量(关于松江县类似的惯习,见《民商事》,1930:342)。

另一端是含糊的永佃权。由下面来自同一地区的描述证明:

> 又有本无田根之人,承批他人根面俱全之田,耕种岁久亦得发生根主权,不许田主自由退耕者。此名白承耕,以无田根契据也(《民商事》,1930:507)。

订"白承耕"者在享有永佃权而并不可能被地主随意赶走的意

---

① 《民商事》,1930:507。根据当地用法,"田面"和"田根"的含义刚好与在多数地区的相反。这里纳税的田根主是"田面主",而交租的田面主是"田根主"。

111

义上类似于田面主,但与田面主相比,他的权利并未言明。他没有田面权的契约,因此他无法以田面主出售土地的方式售出其地,他也不能把地转租给别人。

在无契约的事实上的永佃权与有契约的完全的田面所有权两极之间,是一个没有明确边界的连续体。例如,在天津,永佃权(开垦海涂)让"佃户可使子孙永远佃种,或任意将田面部分(即永佃权)变卖抵押。即积欠田租,业主提起诉讼,只能至追租之程度为止,不得请求退田"(《民商事》,1930:317)。这里很难辨清永佃权与田面所有权之间的区别。总之,田面耕种者同时既是所有人又是佃户。他享有全部的田面所有权,可以自由出售、抵押或出租。同时,他又是佃户,有向田底主交租的义务,以及遭受天灾时减租的权利。正如一名向法部提供材料的松江司法人员所云,尽管"田面向系种户所有",但他必须付田底的租,租金"照本地善堂征租之成色而参酌之,如遇水旱虫荒酌量减轻以昭平允"。①

民国时期的中文词"永佃"在清代并未使用,但有几种通用的表达方式与之近似,包括"永远耕佃""永远耕种""永远耕作""永远承耕"及"永远为业"(杨国桢,1988:92—99)。"田面"是对表土(权)最平常的称法,在20世纪之前很久就已普遍使用。它一般与"田底"(表示底土)成对,特别是在长江三角洲。另一个与它配对

---

① 《民商事》,1930:342。如白凯所说明的,太平天国战争之后,一个制度化了的惯习在这一地区出现,当地的地主(凭此惯习)与地方政府合作,在收成的基础上每年调整地租(白凯,1992:137—140,172—177)。山西南康县的受访者讲了另外一种情况,他说:"管皮者(即佃户)于该田有永佃权,故对于管骨者(即业主)每年应纳之租额均有一定,无论水旱荒歉概不减让。"(《民商事》,1930:456)但对于全国而言,那更像是例外而不是常规。

的用法是"田根",如在福建和台湾地区,有时用法与常规用法刚好相反,把"田面"等同于纳税、不耕种的所有权,将"田根"等同于交地租、耕种的所有权。其他代替"田面"的术语在江西和浙江有"田皮",与之相对的是"田骨";在长江三角洲的常熟有"灰肥田"(《民商事》,1930:327)。

两层不同土地的所有者最常见的是被称为"田面主"和"田底主",就像在长江三角洲的绝大多数地方一样。但在福建,他们是"田根主"或"大苗主"和"小苗主"(《民商事》,1930:507,550,559);在嘉兴,他们是"田骨主"或"大业主"和"小业主"(《民商事》,1930:440—441,450)。

田面主付给田底主的通常就称"租",而租地的行为则称"佃"。但这方面也有变体。在松江,田底主把土地租给田面主叫"外顶",与之相对的是"招顶",即既拥有田面又拥有田底者把地租给佃户并换取"顶收"。在福建,租出叫"批"或"批与",租种叫"承批"(《民商事》,1930:507,544)。如果田面主和田底主都租出,以致两层土地都要收租,在福建区别两者的通常做法是称其中一种为"大租"(由"大主"收),而另一种为"小租"(由"小主"收)。①

双层土地所有制的这些惯习和术语由最常用的措辞"一田两主"概括(杨国桢,1988:99—113)。该概念原则上应该不会给我们带来麻烦,从字面理解,其表示一单块土地有两层。但实际上,"一田两主"表达了一个极端抽象和难以理解的概念。不会有人试着在地上把一层与另一层分开,就像不会有人试着规定表土从哪里

---

① 有关闽台"大租""小租"的更多情况,见杨国桢(1988:268—360),亦见艾力(1994a:52—57)。

终止、底土从哪里开始一样。更不会有人去分开哪是这一层出产、哪里是另一层出产。这是很好理解的。对种地的农民来说,这样做没有任何意义,人人都知道土地的两部分产出同一。

也就是说,人人都知道两层的有形的想象只是隐喻,而非实际。对种地的农民来说,土地是一个有机的整体,不是无机的"东西"。你不可能把田面与田底分开,就像不能把活人的皮与骨头分开一样。隐喻的用法所传达的,是与土地相关联的抽象的所有权(两主)及单元整体的不可分性(一田)。

"一田两主"的概念特别适合长时间演化而来的复杂的民间惯习。尽管它承认有机整体的物质不可分性,但它通过具体的形象来传达两主共存,每个主人都有不同的权利,这些权利可永远持有且易于分开转手、继承。①

该双层所有权的习惯概念,也允许在单一业主身上同时呈现土地所有权和土地租赁的二元逻辑。这样如下的概念就没有问题了:一位拥有某财产一切常见所有权的人可能同时也有对该财产交租的义务。所有权由田面的想象隐喻地表现,交租的义务由田底的想象隐喻地表现。循此,田面主可能会像所有者一样租出其地,同时又像佃户一样在天灾时对田底享有减租的权利,两者之间并不矛盾。

双层所有权的思想把这些表面矛盾的想法和惯习调和进一个单一的概念中。它是清代立法者和民国立法者都拒绝的一个矛盾概念。

---

① 这就是为什么"田面权"比别的术语如英文的"用益权"(usufruct)更符合实际,在"用益权"中权利通常在人死时终止。

第六章 田面权

成文法

《大清律例》本身虽然没有提到永佃权或田面权的问题,但清代国家对这些惯习的态度在地方条例上表现得很清楚。在惯习特别发达的福建省,当局明显把它们视为一种对现存体制的威胁。18世纪省政府曾五次禁止双层所有权,他们称其为"田皮田根"的"锢弊"(杨国桢,1988:115)。这些命令及其他类似的命令,缘于当局关心佃农抗租会影响国家的税收。《福建省例》对此毫不掩饰:

> 是皮田之项乎,一经契买,即为世业。公然拖欠田主租谷,田主即欲起田招佃而不可得。甚有私相皮田转卖他人,竟行逃匿者。致田主历年租欠,无着驮粮(《福建省例》,1964,1:445)。

苏赣两省当局也曾发布过类似的禁令,这些惯习在那里也相当流行(杨国桢,1988:114)。

换句话说,清代立法者抵制田面权是出于收税的考虑。对他们来说,拥有土地的人应拥有对土地的收租权,不应受到任何佃户声称拥有田面权的限制。依他们的观点,对收租权的威胁影响国家岁入的基本来源。在抵制田面权惯习时,国家当然也拒绝其隐含的概念,即那些通过其劳动提高土地价值的人应该享有部分所有权。

晚清法律改革者们也完全拒绝田面权的概念,但不是因为担心收税而是因为舶来的产权理论。我们看到1911年的民法典草案全盘接受了德国民法典单一、排他的产权概念。

该概念体现在"所有权"章"总则"的最初几条中,它们在1925—1926年的草案和最后的国民党法典中基本保留未变。1929—1930年法典对此是这样规定的:"所有人于法令限制之范围内,得自由使用收益,处分其所有物,并排除他人之干涉。"(第765条)而且,"所有人对于无权占有或侵夺其所有物者,得请求返还之。对于妨害其所有权者,得请求除去之。有妨害其所有权之虞者,得请求防止之"(第767条)。

如果把这些"总则"运用到中国的土地所有权上,就立刻可以看出田面所有权的民间惯习与现在定义的合法的土地所有者(即田底主)的权利直接抵触。田面主确实可以看成在干涉合法土地所有者的权利而"自由使用收益处分",并"得请求返还之"。双层所有权也违反"物之成分及其天然,息于分离后。除法律另有规定外,仍属于其物之所有人"(第766条)的规定。

单一、排他的产权概念的主旨在民国早期流传甚广并极具号召力,而且被某些为法部调查员提供信息的地方司法人士用于永佃。例如,有位官员观察到"就皖省习俗言之,此项权利(永佃权利——引者注)不受期间之拘束……因此项辗转发生诉讼者不知凡几……于土地所有权妨害甚巨"(《民商事》,1930:392;亦见第18页)。

我们可以推测,那位官员应会对最高法院1938年特别拒绝田面权的一项决定十分满意。对于"物权有排他性"这句话,法院阐述道,"在同一标的物上,不能同时成立两个以上互不相容之物权,故同一不动产设定两个互不相容之同种物权者,惟其在先之设定为有效"(傅秉常、周定宇,1964,2:728)。

国民党立法者视单一产权为经济发展的根本。中央政治会议曾在典卖土地上运用该意识形态,争辩说如果回赎权不限制在一个有限的时期内,会造成产权不清并妨害经济发展。《民法典》的起草者遵循此原则,最高法院也照此进行裁决。

正如不少学者已指出的,在当今世界发达的资本主义社会里,单一的、排他的"所有权"这一古典自由主义的概念,虽然仍还有影响,但实践中老早就不再起作用了。在今日的公司、企业中,所有权被分解,众多的集团共享"权利束",不仅有显而易见的持股者和管理者,也有债券持有者、理事会劳工联盟、税务部门、政府管理者、保险人、大的供应商和消费者等。① 根据这种现象,一田两主的民间习俗可以在某种意义上被视为比晚清和民国立法者信奉的观点更现代。它在某些方面更接近分解的权利束主张而不是古典自由主义的主张。无论如何,事实是20世纪的立法者认为习俗完全不可接受。对他们来说,它带有许多他们蔑视的非现代的东西。

国民党(和晚清)立法者认为产权的古典自由主义原理乃西方最新最好的理论,这应该不会让我们感到吃惊。毕竟,当代"权利束"理论只是相当晚近的一套概念,而古典的单元——排他权利甚至到今天也仍极具影响。根据托马斯·格雷(Thomas Grey)的分

---

① 对此观点的清楚陈述,见格雷(Grey,1980)。有关主题的变化(及更多基于经验的研究),见亚历山大(Alexander,1985)、辛格(Singer,1988)。"权利束"论点被昂格尔(Unger,1986)用来支持他也许可以称为后资本主义的观点,将其用之于中国的是崔之元(1996)。

析,它仍然是财产的流行概念,甚至在"专家们的非职业时刻"之中也普遍流行(1980:69)。该概念是与田面权背道而驰的。

适应与对抗

拒绝了田面权的习俗,20 世纪的立法者试图通过"永佃"这个新的法律范畴来处理其惯习和概念。正如草野靖所说,"永佃"可能是被松冈义正(1911 年草案"物权"编作者)用来作为与日语词"永小作权"(字面上的意义是永远佃种的权利)对等的汉语词。实际上,在法部随后不久进行的调查中,受访者常把二者等同使用(1984:30—31)。无论如何,一旦采用,该词很快即成为标准的用词。1925—1926 年案保留了 1911 年案的原条文(第 866 条),国民党立法者甚至在 1929—1930 年法典的正式英文版中直接选用该词(用的是威妥玛-贾尔斯[Wade-Giles]拼法,yung-tien)而不是把它译成"permanent tenure"。

晚清法律改革者其实并无意使永佃权成为真正永久的权利。首先他们的德国范本根本没有"永佃"的概念,只有"用益权租"(usufructuary lease)的原则,依定义它具有明确的时间限制(第581—587 条)。日语词"永小作权"与此类似,虽然用了"永"字,但也有确定的期限。① 照着范本,清末民法典草案第 1089 条——"永佃权存续期间为二十年以上,五十年以下",用意是确保合法所有者的权利不受损害。草案接着解释:"设定永久无期之永佃权,有

---

① 报告天津情况的司法人员特别提到"永小作权"有时间限制(《民商事》,1930:18)。

使土地所有权陷于有名无实之弊。"①1925—1926年的草案保留该规定未变(第867条)。

然而,国民党立法者判定这样的理解与民间做法太不一致,故不应保留不改。他们的解决办法是第842条,其中永佃在法律中最后被定义为,"称永佃权者,谓支付佃租、永久在他人土地上为耕作或牧畜之权"。

但"永久"使永佃超出了出租的概念框架并与所有权非常接近。而这却是立法者们所不能接受的状态,因为土地只可能有一个所有者。由于永佃不仅仅是出租,还是一种"物权",因此它不能在"债"编中处理。对他们来说,唯一的解决方法似乎是将永佃与所有权放在同一编里,即"物权"编,但给它一个单章(第四章)。② 据此,立法者认为"永佃权人得将其权利让与他人"(第843条)。换句话说,永佃权可以典买(卖)或绝卖(买),作为贷款抵押或传给继承人。③ 立法者们在把永佃当作可以买卖继承的"物权"时,并未将其等同于一种所有权形式——这样,立法者们在他们采用的排他产权理论与中国的民间惯习之间划出了微妙的界线。

然而,在遭受灾害时田面主减租的权利上却无法划出这样一条界线。在这里国民党立法者做了例外处理,允许习俗胜过理论上的一致性。因为从理论上讲,如果永佃中的土地属于田面耕种

---

① 晚清草案中没有一处把永佃权解释为永远的权利。例如,第1086条只写道:"永佃权人得支付佃租,而于他人土地为耕作或牧畜。"
② 1911年草案和1925—1926年草案也都把"永佃"作为单独的一章放在"物权"编下,但没有一部草案解释这样做所隐含的逻辑。
③ 在此方面,国民党法典与清代草案(第1092条)和北洋草案(第868条)两者均完全一致。

者,田底主对另一所有者的损失不应负任何责任。但中央政治会议没有循物权逻辑而得出这样的结论。在这里,他们决定把永佃权人当作租借人。最终发布的法典内容是:"永佃权人因不可抗力致其收益减少或全无者,得请求减少或免除租佃"(第 844 条;参见针对租约的第 435 和 436 条)。①

中央政治会议意识到此决定和它把永佃权归类为一种物权的决定之间存在不一致,在给起草者的"立法原则"指示中,它尽了最大努力去解决该问题。因为永佃权是一类"物权",它说道:

> 就理论言之,土地所有人固不应负何种责任,然佃权人多属经济上之弱者,故为顾全实际状况计,规定如因天灾地变等不可抗力致其收益减少或全无收益时,仍许其请求减少佃租或免除佃租,以保护佃权人之利益(潘维和,1982:107)。

换句话说,社会公正比理论逻辑重要。永佃权是一种物权,但在这个场合,社会公正使其被处理为出租。

除了做这些试图适应习俗的尝试,国民党立法者坚持了单一、排他的所有权原则。例如,针对田面主出租田面的习俗(这在民众中相当普遍),他们宣称因为永佃权持有人只是个租种土地者,如果允许他像以往那样自由转租,会违反合法所有者的权利,后者应

---

① 清代草案和北洋政府草案则占据逻辑上的一致性。它们有本质上相同的条款:"永佃权人虽因不可抗力于收益受损失时,不得请求免除佃租或减少租额,但有特别习俗者不在此限。"(《大清民律草案》,1911:第 1096 条)北洋政府草案的唯一修改是在"特别习俗"前补加上"契约或"字样(第 870 条)。

该可以自由选择佃户。在第443条下,一个田面主像任何承租人一样,"非经出租人承诺不得将租赁物转租于他人"。永佃章进一步明确规定:"永佃权人不得将土地出租于他人,永佃权人违反前项之规定者,土地所有人得撤佃。"(第845条)①国民党立法者在终止永佃权的问题上,也至少是部分地反对习俗。在第846条,持典人如果拖欠两年地租,"除另有习俗外",土地所有者有权终止永佃。此条的第一部分明显蔑视习俗。我们已在天津和福州的例子中看到,在习俗中田底主只能迫使田面主付清拖欠的地租,他不能把田面主从地上赶走。习俗中的概念是田面权是田面主拥有的、非租来的。条文下面附加的一句"除另有习俗外",其含义却不很明确并将导致不少麻烦。

在欠付地租问题上,法律的意图是毫无疑问的。它与民国初期大理院的一系列决定完全一致。在1913年及1915年,大理院已裁定欠付地租是法律上承认的撤佃原因。另外在1915年的另一项裁决中,大理院规定欠租者不可能通过补清欠租恢复佃权(傅秉常、周定宇,1964,2:806)。

但后来的最高法院由于坚持永佃和田面权的习俗而把事情搞混了。国民党立法者曾把这么一个条款写进法典:如果出租人要自己耕种的话允许他终止租约(第458条)。但在1933年的一项决定中,法院判定"永佃权设定契约并非租赁契约,不在适用同条

---

① 清末草案和北洋草案允许永佃田转租,北洋草案还允许出售永佃权(分别见第1092条和第868条)。但起草者没有考虑该条款与"租赁"中的规定不一致,规定中承租人"非经赁贷主承诺,不得将赁借物转贷于人"(第658、526条)。条款全文见潘维和,1980:241,301,435,480。

规定之列。故有永佃权之土地,其所有人不得因欲收回自己耕作即行撤佃"(傅秉常、周定宇,1964,2:491)。结果是除了超过欠租期限(两年),永佃权不得以任何原因终止。

国民党立法者在增租问题上也坚持其产权理论。他们面临的问题由前面提到的天津司法人员做了很好的概括:

> (若)天津之死佃,则漫无限制。佃户之收获,数倍或数十倍于前而不止。而所有权者,独不得增加一钱之租。揆之情理,宁得谓平?故津地死佃之习俗,不得谓非恶习俗也。(《民商事》,1930:18)

法典编纂者也认为这种固定地租是不公平的。他们在第442条中提到该问题,允许土地所有者"声请法院增减其租金……因其价值之升降"。最高法院在1934年和1944的两次决定中、司法院在1944年发给下级法院的解释中,都把该条款运用于永佃地(傅秉常、周定宇,1964,2:310—311)。尽管该条法律也允许永佃权持有人申请减租,但在此一土地价格迅速上涨的时期内,它主要对合法的土地所有者有利。

这个不大显眼的条款实际上是与旧惯习的重大分离。在太平天国运动突出地租问题之前,帝国政府一直让地主自行制定租率。但此后,在受到太平军影响的地区,国家每年都会与当地地主商核定租额,以确保适当考虑自然灾害和收成剧降。国民党政府更进了一步,不仅考虑到自然灾害,也考虑市场变化,并通过法院仲裁地租。

国民党法院实际上会比它的前任面对更多的由法典和习俗间的紧张关系引起的争端。立法者无疑在一定程度上试图适应习俗,但最后他们还是坚持单一所有者的产权理论而摒弃了习俗中的一田两主逻辑。由于只承认田底主一人是合法的所有者,他们不能允许田面权,留下的只是永佃的租约逻辑。正是在该基础上,他们否定民间惯习,让田底主防止田面主转租土地、在欠租两年的情况下撤租及申请增租。与民间惯习的这些矛盾,毫无疑问加深了法典与习俗之间的紧张关系——一个已困扰法庭数百年的关系。

司法实践

在多数情况下,田面权纠纷都是由于税收的关系(田底主申诉收不到租,因此不能纳税)才会闹到清代县令面前。这在淡水-新竹的记录中有很好的显示,其中有许多田底主为了谋取法庭支持收租而诉告佃户的案例。[①](在此讨论中,为方便起见,我将依惯例称田底主和田面主,尽管法律从未承认这种区分。在法庭眼中,田面主是佃户。)例如,在1851年的淡水分府,田底主吴益春控告他的10户佃农欠他总共180石的大租。法庭迅即派一名粮差前往查核实情,但粮差报告那些田面主属于一个人多势众的大家族,他要求多派差人经办此案。县令如其所请,但于事无补。两年后,县令

---

① 在闽台税收问题变得如此严重以致省当局在1888年决定直接对田面主(用地方上的话说"小租户")强行课税,以减掉付给田底主("大租户")地租的40%作为补偿(淡-新,22107[土7])。这是清政府最接近正式承认田面权的措施。

123

不得不发出另一道命令,要粮差们采取行动,但仍无作用(淡-新,22201,1851.7.15[土-8];亦见22204,1856.3.28[土-11])。

在1884年另一件相似的案子中,曾国兴控告他的20个佃户共欠租295石余。曾的佃户似是跟着邻村的佃户拒付地租。在这个案例中,县令等了五个月,直到原告呈催后才饬差查办。但法庭的行动似乎再次没有产生任何结果(22214,1884.1[土-21];亦见22212,1875.8.3[土-19])

也有多件案例,业主辩称或诡称,因他们的佃户未付地租而无力交税。一宗特别复杂的案子牵涉到一个拥地的大家族和一群组织得很好的佃户。1852年,吴氏家族(家族组织名吴顺记)起诉其约80家佃户(耕种400—500甲地,总地租2000—3000石)欠租,吴家因这一原因而没有能力完税。至于佃户,他们在1840年即已起诉吴家,控告吴家以大斗浮收地租欺诈他们。县令在这出戏中也是有利害关系的一方,他怀疑吴家少报了土地,这些土地已20多年没有正式清丈了。此案件拖了20多年,每一方都使尽浑身解数谋取自身的最大利益,在1878年记录终止时还不见有清楚的结局(淡-新,22202,1852.2.8[土-9];亦见22207,1860.3.8[土-14];22208,1860.10.29[土-15];22210,1847.7.14[土-171];22211,1874.12.3[土-18])。

民国时期,许多田底所有者借助国民党法典赋予他们相对田面主的扩展了的权利,寻求利用允许他们增租的条款。这是过去民间惯习所不允许的。例如,1933年在顺义,刚刚买了五亩半地的吴尚义要提高旧佃户萧明礼的租额,萧说他家耕种此地已"百年",他有永佃权,因而有权继续奉行原租额。可以料到:法庭判定原告有理,下令萧与吴商定新租率。萧不肯,法庭于是要萧把租地还给新主人(顺义,3:682,1933.82[土-261])这一裁决的法律基础(法庭判决中并未引用)当然是第442条,它允许土地所有人在土地价格上涨时声请法院增租。如前所述,最高法院的几次决定明确表明该条例适用于永佃地。①

正如1946年屠伟量在乐清县法院所做的那样,土地所有者也频繁控告他们拥有田面权的佃户转租土地。他的佃户张阿朋大概是把地转租给了另外四个人而未征得他的同意。法院引用第443条判屠胜诉:"租人非经出租人承诺,不得将租赁物转租于他人。"(乐清,1946.5.17[判决日][土-11])

在另一起类似的案件中,王纯侯控告他拥有田面的佃户黄方本把土地转租给冻福昌。与前面案例中的屠一样,王在他的诉状中使用的是新的法律语言而不是习俗中的词:他把他与黄的约定说成"租赁",而不是田底与田面的关系,黄把地租给冻是"转租",而不是直接的田面出租。法院再次简单明确地判定原告胜诉,引用的是第443条的条文(乐清,1946.1.20[土-12])。

考虑到合法土地所有者的权利扩增,以及习俗中的田面主的权利压缩,就很容易理解田底主为什么会企图终止长期存在的约定,企图从其土地上得到更好的回报。虽然如此,但他们如果没有符合法律的控告理由,仍旧不易获胜。例如,在1948年的吴江,当

---

① 该裁定实际上早就由民国初期的高等法院做出,如京师高等审判厅1916年的裁决。甚至当佃户毫无疑问拥有永佃权时(一如前面的案例),地主也有权增租。在法院看来,永佃并不包括习俗中地租固定的特权(第二历史档案馆,京师,239:2496,1916.12.27[白凯,9:1685])。

李徐氏试图对一块她丈夫最近购买的地撤租时,佃户张俊德证明他已承租该地 30 年并对其拥有永佃权。这样,李徐氏没有合法的理由终止他的那些权利。法院判张胜诉(吴江,206-1-139,1948.7.3[土-181])。

叶关生试图从陈大清手中夺取他的 20 亩地时同样失败。他声称他们两人签订的契约载明租期是 20 年,现在已经过期了。但陈指出原契约中含有"年满之后,仍归陈氏耕种"的字句。法院认为契约中的这一条赋予陈永佃权,因此不允许改租(吴江,206-1-141,1948.6.29[土-19])。

但我们看到永佃权也非绝对。如果田底主能证明欠租两年,他可以撤佃。到 20 世纪 30 年代,民国早期在此观点上所持的这一立场已深入人心,以至松江县华阳桥的村民认为,佃户在欠租的第三年不得不让出他们的田面所有权乃当地的"习俗"(黄宗智,1992:160)。

对农民来说,一块土地的价值取决于其生产的东西,这似乎是常识。正如他们观察到的那样,生地只有通过种田人的努力种"熟"后才具有真正的价值。因此一个佃户把一块几乎一文不值的土地变成一件有价值的东西,他应该从他的辛劳中受益,这似乎是适当的和公正的,就此形成了田面权的概念。

然而,站在国民党的角度来看,是供需而不是劳动投入决定了一块土地的价值,收益应归承担风险的"不动产"投资商而不是种田人。当然,该观点在古典自由主义产权理论中得到了完全的表达。

在前引天津垦地的例子中,我们能看到在写报告的司法人员的思想里,新的资本主义市场经济逻辑如何战胜旧的小农经济逻辑。他准确报告了惯习是如何形成的:佃户通过他们的劳动把"与石亩无异"的土地变成肥沃的农田,并因此得到相当于田面权的报偿。但他进一步指出,在天津火热的土地市场上,佃户对其土地价值的暴涨并无功劳。只有他们从那些提高的价格中受益,而法律眼中的土地所有者并没有获利。对司法人员来说,这种状况似乎不公平,这也是他提倡取代这种旧的"恶习"的原因。

换句话说,旧小农惯习与新法典的冲突出现于20世纪更大的经济变化的环境中,尤其在条约口岸,它们带领着那些变化。它包含构成土地价值要素的基本转移:从主要是劳力投入到主要是市场价格波动。除了罕有的例外,依其采用的产权理论,国民党政权不会,也不可能改变它抵制一田二主习俗的立场。

第七章 债

清代法典与国民党法典在债上显著不同。我们看到,对清代法典来说,人们借钱主要是为了生存;对国民党法典来说,债主要是资本主义信用。虽然这些概念的差别很大,但对面临民间习俗现实的县令和法官的影响较小。因为毕竟两部法典都遵循同样的原则:合法的债务与利息必须偿还。

然而民国时期的变化的确在成文法和民间习俗之间带来了新的紧张关系,尤其是以下三个问题:试图限制贷款利率,确定债是否应该考虑及如何考虑价格变化,以及阻止农民因欠债而失去土地。简言之,债的故事告诉我们小农经济逻辑与资本主义经济逻辑间的冲突。这是一个尽管有激烈的概念变化,但在司法实践上仍有基本连续性的故事,一个在国民党法典下悬而未决的问题的故事。

生存借贷与资本主义信用

清代法典禁止高利贷利率(定义为年利率超过 36%),这反映了生存借贷的现实。像任何其他地方为艰难所迫的借钱者一样,农民们借钱以应急需(生老病死、饥饿、婚嫁仪式),无心考虑利息对成本的关系。如果利息纯粹由功用决定,则处在生存边缘的功用可以承受任何利率。我们可以说,站在及颈深水中的农民可能愿意承受任何利率来保持鼻孔不被淹没。

清代当然也存在其他种类的借贷。农民并不总是仅为应急才借钱,有的人举债以应生产之需,而商人及小贩常常贷款做生意。但事实是在帝国晚期的信贷市场上,占最大比例的可能仍是身处绝境中的农民的借贷。结果,生存借贷在极大程度上主宰了信用市场。企业家式的农民、小贩和商人的抉择,取决于从贷款的迫切程度或可能回报来考虑支付通行的利率是否合算。

国民党法典实际上把清代法典颠倒了过来。清代法典虽然并不否认其他种类贷款的存在,但它视生存借贷为信贷市场的规范,并视其为决定信贷市场现行利率的主要因素。相反,国民党法典,如果不在事实上,至少在法律上视现代资本主义信用市场为标准。第 203 条规定:该付利息之债务的利率"未经约定亦无法律可据者",为年利五分。但是,该条和第 205 条允许最高 20% 的约定利率,亦即同时承认了生存借贷的存在。中国社会的现实在这里迫使立法者去采用某些德国范本中没有的东西(见第 245—247 条),但那并不是说他们就放弃了对德国法典的信心。对他们来说,理想的标准仍是国际信贷市场上的现行率。

两部法典的基本差别表现在就总额而言可允许多少利息的问题上。清代法典至多只是视利息为可以容忍的东西,因而对累积利息总量制定有(不许超过原借额的)绝对限制。但国民党法典根据其资本可以生利的观点,对利息能增殖多少没有制定任何限制,(它认为)那是由债权人和债务人决定的事。

清代和国民党法典中的债约

毋庸置疑,契约在帝制时代得到了广泛应用,而债是其中一个重要的组成部分。过去的学术多侧重研究中国契约的普遍性,部分原因是为反驳只有现代西方才有契约(合同)的欧洲中心论的看法(见布罗克曼[Brockman],1980;宋格文[Scogin],1990;汉森[Hansen],1995等)。在这里,笔者的重点不是放在清代契约的事实上,而是放在它们与资本主义合同的异同上。

清代法典处理债的主要方法是规定处罚违禁行为,一如它对待几乎所有事一样。虽然如此,它也特别承认债约的合法性。律149(法典中针对债的主要条款)这样规定:"其负欠私债违约不还者,五两以上,违三月,笞一十;每一月加一等。"而且它说法律会保证使本利付给债权人。

从案件记录中我们知道,实际上法庭几乎从未在债务纠纷中使用惩罚。虽然惩罚的威胁一直存在,但极少真地被采用。经检验书面契约核实还款要求的合法性之后,法庭的惯常做法是下令偿还。换句话说,法庭在实际运作中多依照刚刚陈述过的原则:合法债约会得到强制执行。该条律的重点——对违法行为施以体罚,影响了法官及诉讼者的意识,但其实际结果不过是强迫偿还有合法契约的贷款。

这就是笔者在上一本研究清代司法体系的书中,论证这是一个体现权利(和责任)的实际结果,却没有现代西方法律中体现出的权利理论的体系的原因(黄宗智,1998)。我们还可以说,有坚持契约的实践,但没有把契约放在法律的中心。清代法典的组织原则,是借规定对违法行为进行处罚来维持社会秩序。契约、权利与义务在法典中至多是偶然的考虑,而不是明确说明的中心理念。①

国民党立法者则完全不同。他们视契约为现代社会赖以建立的基石及其成员责任的主要来源。正是基于这个原因,他们在"债"编中以头14条予契约以头等重要的地位。在他们的观念中,法律必须既确保个人自由签约的权利,也坚持与该权利相随的责任。他们在法典中到处采用相同的概念构造,不仅在"债"编而且在"物权"编、"亲属"编和"继承"编都把权利和责任联系在一起。②

---

① 债约当然只是清代法典承认的众多契约中的一种。其他主要种类是土地交易(买卖、典卖、租赁)、婚约,甚至包括分家(合约)。所有这些都在民间惯习中广泛运用,并被正式的司法体系承认、许可和约束。
② 尽管这一做法确实是现代资本主义经济的基石,但在国民党法典与其西方模式之间还是有细微的差别。"obligation"的当代汉语词是"义务",它与"权利"并列,都取自现代日语。然而民国法典仍简单地用"债"指"obligation"。"义务"一词已被用于法律话语中,但主要是用来指社会责任(更接近"责任"而不是"义务"),特别是公民对国家的责任。这一用法仍保留在现代汉语中,导致中文中的"义务"一词具有与其英文词相当不同的含义。当然,这一语言和话语上的差别表露出更广泛的概念差异。

131

两种法律系统中契约的特性

清代契约究竟像什么？清代法典的概念构造使契约与现代西方市场经济中的合同有什么不同？马克斯·韦伯对"身份合同"（与前现代经济有关）和"目的合同"（与现代西方经济有关）之间理想类型的区别，是开始回答这些问题的有用起点。根据韦伯的观点，身份合同会导致涉事双方关系的完全变化，比如在主人与奴仆之间、国王与诸侯之间、养父母与养子之间及夫妻之间的合同中；而市场经济的目的合同只是一种金钱交易，与身份完全没有关系（韦伯，1968，卷2：666—752）。

在考虑清代债约（以及土地契约）时我们可以很快地排除这种区别。尽管清代的婚约可能被看成一种身份合同（但这样的话，现代婚约也可能被看成一种身份合同），但债约极少涉及债权人和债务人之间的身份转换。相反，它们通常只涉及金钱，于是更接近目的合同而不是身份合同。让我们转向韦伯的另一套理想类型，清代债约和目的合同之间也存在明显的差别。如他指出，在现代市场经济中，信用安排是所有关系中最不涉及人情的一种关系（韦伯，1968，卷2：635—640）。例如，某人从银行或信用机构借钱，通常并不与债权人有任何接触。这与小农经济中兄弟、亲戚或朋友间的紧急借贷完全不同，在这些非正式交易中，通常双方同意不要中人、书面契约或抵押，是最涉及人情的借款。在小农经济中，即使相对正式的借贷也不都是脱离人情关系的，如典型的，由债权人和债务人双方都熟悉的人作中谈判，虽然他们互相之间可能是陌生人。在这两种类型中，亲族或邻里间的非正式借贷和在双方都知道的中人帮助下订立有契约的正式借贷,占了中国小农经济中所有借贷的极大部分。

差别并不仅仅只是表现在形式上,还反映出两种信用市场间更深层次的不同。在现代信用市场,利息,即信用的价格,主要是由不涉及人情关系的供需作用决定。然而在清代小农经济中,信用的价格很大程度上为人际关系和当地的条件及法律规定的限制所左右。

在强迫还债方面也能观察出同样的区别。在现代资本主义经济中强迫还债典型地与原始合同一样脱离人际关系,由机构或收债代理人处理。如果事情闹到法院,被告在对方中不会看到熟悉的面孔。相反,在清代小农经济中,打官司的过程自始至终都是高度人际关系化的。首先是非正式的和法律外的,即去求助中人。正如我在其他地方详细说明的那样,如果某位中人曾帮助谈判贷款,他(有时是她)会被视为对债务人信用进行个人担保,并被指望能在欠付或迟付的情况下帮助解决问题(虽然不是代替偿债,除非他或她提供特别担保)。如果中人无法解决冲突,下一步将是求助于亲族或社区中的调解人,他们会在双方间进行沟通以期达成某种妥协。在这里,人际关系再次显得十分重要,调解人通常说服双方以图找到一种折中的解决方法。如果这些方法都不起作用,双方中的一方可能会向法庭控告,为的只是迫使对方回到"谈判桌"上来。如果这一招也不管用,事情最后进入正式的堂审阶段,在债权人和债务人对质时,县令通常要求将中人找来提供独立的证据。简言之,在整个过程中,典型的小农借贷与通过市场机构进行的脱离人际关系的贷款完全不同。小农借贷中,债权人和债务人彼此间互不相识的案件极其罕见(黄宗智,1998:第三章)。

司法实践中的延续与新发展

尽管清代法律和国民党法律对债务的处理来自两个非常不同的概念世界,但在实际的司法实践中却很难看到任何大的改变。首先,两套法庭系统都坚持债必须偿还的基本原则;其次,民间习俗不像成文法变化得那么激烈;而且,清代惯习直到民国末年仍被强有力地维持着,在农村地区尤其如此。

清代案件

据笔者所知,清代没有哪一个法庭违反过债必须偿还的原则。我们姑且从大量的例子中选取一例:在巴县(1789年),徐子中曾通过中人向郭玉成借了18 000文(据记录,当时这相当于12.94两银子)。当借款到期时,徐躲起来赖债。中人朱贵找到他并把他揪到法庭,在那儿县令把他锁起来并限令三日之内还债(巴县,6.1:1062,1789.223[债-41];亦见6.1:1071,1791.9.9[债-8];6.2:2410,1815.3.9[债-11])。

类似地,在宝坻(1838年),李鲁占曾向店主刘锡久赊购了值十吊(或10 000文铜钱)的猪肉。双方在还债上出现争端,打了一架,刘告了李一状。县令裁决斗殴双方都有错,但李必须在五天之内偿还他欠刘的十吊钱,外加事先讲好的两吊利息(宝坻,187,1838.8.29[债-4];亦见100,1845.6.15[债-5];191,1871.1[债-10])。

1878年在新竹也有类似的例子,林石曾向柯林氏借了60元,他以自己的土地作抵并讲好向她交租以代替利息。后来地被洪水淹没,林停交地租。待水退之后,柯林氏要求恢复交租,而其时林石已过世,他的地已传给其堂弟林吉。但林吉拒付地租,柯林氏提起诉讼。法庭判令林吉要么交租,要么清债(淡-新,23306,1878.9[债-29];亦见淡-新,23421,1887.12[债-20])。

这种相对简单的类型的一个变体,与贫困的债务人有关。在这种情况下,秉承法典同情穷人的精神,许多县令倾向于温和处理。如1876年在宝坻,赤贫的靳永增曾向高奇借了10斤棉花,本利50吊。后来他又另借了32吊现钱。均行三分利。靳在外出佣工之前曾还过利钱16吊。在他不在的情况下,高试图收债,但没能找到靳,乃牵走了靳的一头驴作为部分还款。当靳和高为债务打起来,靳告了一状时,案子闹到衙门。在此,县令并未放弃债款必须偿还的原则,但他通过免除了靳的部分负担而减轻判罚。堂讯后他这样判决:(原告)"理当照本利偿还。今看其贫苦难度,除已还钱十六吊,又以驴作抵,作价三十四吊,共作还钱五十吊。其余仍本钱三十二吊,分为两年陆续归偿,至光绪三年年底清楚。所有利钱。情让不究可也。均着具结归案。"(宝坻,193,1876.11[债-11])很清楚,在该县令和他的许多同僚眼中,清代法典从来没有让利息完全合法化。而且,因为清代司法理论坚持法律应当怜悯那些穷苦之人,他肯定认为自己的行为符合法律精神(其他的例子见淡-新,22103,1876.9.26[土-3];巴县,6.2:2412,1797.7.21[债-137])。

有的债务人,特别是在相对商业化了的地区,根本就不把法庭要求还债的命令放在眼里。例如,1799年在巴县,刘会元向曾贯贤借了82.5两银子(当时值150 000文铜钱),说好次日兑清。但此后刘食言,曾乃告状。在其辩词中,刘声称因生意受挫,他无法偿债。然而曾指出被告开有三家店铺,完全有能力偿清。不管曾怎样说,刘就是不还。在正式庭审中县令留给顽抗的刘一些转圜的余地,允许他在两个月的期限内分四次还清贷款。他令双方都具结表示愿意接受判决。但刘仍然没有还钱。案卷的结尾是曾四次恳请强制执行判决。每一次县令都派衙役去强制还款,但均不起作用(记录中没有说明原因)(巴县,6.2:2411,1797.6.18[债-12]:亦见6.3:9769,1851.2.18[债-19];6.4:2566,1852.10[债-26])。

对淡水-新竹法庭来说,藐视法庭的债务人更是一个问题。记录中充满了县令派衙役去强制执行还债却无功而返的例子(如淡-新,23312,1887.1[债-35];23704,1887.5.21[债-44]),以及传票不起作用或不被理睬的例子(如淡-新,23415,1883.2[债-14];23423,1891.9[债-22];23303,1874.3[债-26])。

因为这些困难,法庭和诉讼当事人有时宁愿减少钱款,免得一点也得不到。如在新竹(1882年),詹鹏才的父亲曾借给其姻亲吕俊石200元,言明五年为期,每年利谷20石。他们立有契约,由同村的一位中人作证。然而在第五年,吕拒还本利,而且更过分的是,他竟厚着脸皮坚持是詹反欠他100余元。法庭对事情进行了调查,证实了贷款与期限,驳回了吕的谎言,并责令他还詹的钱。但吕坚持己见。法庭然后要他偿还詹做了妥协的160元。但这一妥协仍不起作用。此时,吕的兄弟掺和进来两次起诉詹,重复指控他其实欠吕的钱,而不是吕欠詹的钱。吕始终拒绝按法庭的判决还款。詹所能做的只是不断地起诉,恳请法院强制执行。在詹的不断请求下,法庭显示出对被告的不耐烦,再次进行庭审,并威胁处罚。但最后当传唤还未有结果时,詹接受庭外的调解,认还半数。毫无疑问他是厌倦了整个过程,并怀疑法庭是否真能强制执行判决(淡-新,23413,1882.9[债-12])。①

在另一起新竹的案子中,有个不寻常的转折。1882年,范源清到法庭要求强制执行王益发号欠他300元的判决,部分问题看起来是王家陷入了一场互控连环案中,而且无人真正管事。为敦请法庭采取行动,范主动提出如果追回欠款,他愿捐出300元中的100元给县办(明志)书院。在还款中有此直接利益,县令果真立即行动,理清王家继承官司中错综复杂的起诉与反诉,最后成功地由王家的一员还银结案(淡-新,23411,1882.8[债-10])。

国民党案件

在国民党上台前的民国时期,法庭判决与上面引用的案件差不多,因为判决案件依据的正是修订本清代法典中只经较小改动的条款。这里只举一个例子。在顺义(1923年),中人马如林控告顾其智,马曾担保顾向一家店铺赊买值6.69元的布及向另一家店借贷现金20元,月息3分。法庭直截了当地裁定被告必须偿还本利,外加承担讼费(顺义,2:265,1923.11[债-13];亦见2:28,1914[债-4])。

但同样的情况也出现在以后的许多判决中,因为国民党法典

---

① 如我在其他地方展示的那样,淡水-新竹法庭在结束案件审理和强制执行其判决上有极大的困难。因为诉讼当事人比较富裕,有能力雇用法律顾问,通过玩弄各种手段把一件案子拖很长时间(黄宗智,1998:第六章)。

虽然对合同法有极不相同的态度,但它与清代法典一致认为合法债务必须偿还。例如,当陈羽兴(1937年)为偿还一笔150两银子的贷款状告刘月银和他的两个兄弟时,宜宾法院就持这样的态度。这笔钱据说最初是向曹九龄借的,陈已经代表刘氏兄弟还给了曹。刘月银声称他只负责20两银子,余下的由其兄弟负责,他还出示了一份1927年的契约作为证明。然而法院判断刘月银不仅伪造契约,且在1923年的分家文书上已与其兄弟签约同意承担全部债务。法院因而指令刘月银偿还全额(宜宾,1937.2.17[债-16];亦见1938.7.11[债-11];1937.7[债-6];1934.7.1[债-13])。

类似地,在吴江(1947年),李祺祥起诉他的朋友王文卿,因其未能如约在五天之内偿还所借的11.5石米。李在诉状中提到他试图通过调解来解决争端,但未能如愿,因王没有露面。法院传唤中人对质,证实有贷款,并下令王偿还(吴江,206.1:801,1947.7.15[债-9];亦见206.1;266,1946.12.12[债-2];206.1:141,1946.11.29[债-10])。

再举一个例子,在乐清(1946年),郑银叨起诉陈邦兴因陈未能付清前一年他所借的7200元贷款及约定的20%的利率(法律允许的最高限额)。陈坚持这笔生意其实还涉及除他以外的另外三人,他只对其中的1200元负责。但郑出示了原始借贷契约,陈是唯一在上面签字的人。法院下令陈全额偿还(乐清,1946.1.25[债-7];亦见1945.6.7[债-2];1945.11.26[债-5];1946.3.1[债-6];1946.1.13[债-107])。

民国法院与清代惯习出现明显分歧的地方,首先是它们不再以仁慈地同情穷人的名义宽恕部分贷款或利息。该意识形态虽然仍在法律中的某些方面(如典卖土地)起一定作用,但不再像清代一样是主导性的司法原则。它由权利及由其引起的责任概念代替。因此毫不奇怪,在民国案件记录中我们没有发现法官以同情不幸者的名义主张债主稍做让步的例子。

我们的案件记录还表明民国法院确实大体上竭力实施新的最高利率 20% 的限额(相比之下,清代的是 36%)。于是,在宜宾(1937 年),林王和清(女士)将其土地的租赁权以 336 元当给王汉钦,许诺(由她的佃户郑子荣)交年收成 37.5 石的 10.5 石,即 28% 作为贷款的利息。当王没有得到相应的粮食时,事情闹到法院。结果证明是林王氏从郑佃户手中取走了 10.5 石粮食但没有付给王。法院判令林王氏以原贷款价 336 元赎回土地并支付 7.5 石的利息,即法律许可的 20% 的最高限额,而不是王要求的讲好的 10.5 石(宜宾,1937.7[债-61])。

类似地,在乐清(1945 年),原告王谢氏曾贷给其女婿臧凤拓 5000 元并呈给县法院一纸书面契约,上面他同意按惊人的利率支付,即月利 10%。法院支持她还款的要求,但不允许高利率,裁定不管契约如何,她只有权收取 20% 的年利率(乐清,1945.9.11[债-3])。

最后,在吴江,魏深之六年前(1942 年)曾借给唐涵斋和他的儿子 1200 元钱,以唐的 28.81 亩土地作抵押。写合同的时候,利息定为月利 2 分。后来(1949 年)魏要求对方要么连本带利还清债务,要么让出那块土地。法院审慎地把利率降到法定限额,即 240 元。清代法庭限定利息不允许超过本钱,但国民党法院允许,这个例子中 6 年总共累积达 1440 元的利息(加借款时支付的原利息 160 元)比原本金 1200 元还多,因为现在那已经完全合法。法院下令

139

唐支付 56 000 000 元,即依 1948 年价格计算出来的本金加利息(吴江,206.1:79,1948.5.19[债-3])。

法律和惯习间的拉锯战

尽管国民党试图减轻农民的债务负担,但许多农村地区利率仍徘徊在旧利率水平。村庄实地调查资料显示直到 20 世纪 30 年代晚期农民债务人仍支付平均约 2 分的月息,范围在 1.2 分至 3 分之间,也就是说高于法律许可的利率。亲族、邻居和朋友间额度小、几天或几个月的非正式借贷有时无息,但多数像更正式的贷款一样,有中人、书面契约及(通常)对土地的扣押权,适用一般的地方市场利率。①

根据案件记录判断,许多债权人靠在书面契约上浮称本金的花招来掩盖部分讲好的利息以规避法律。用这样的方法,2 分到 3 分间的月息可以很容易地做得看起来符合法律标准。在处理这些案件时,法院面临的是采取条文主义的态度还是实体主义的态度的选择,也就是说,要么唯书面契约行事,要么根据实际的情况判案。证据表明民国法官一般都选择条文主义的处理方法,他们根据书面契约的表达进行判决,尽管他们知道那不是贷款中的实际情况。

---

① 关于农村利率,最好的资料是满铁对冀东北三个村庄大北关、米厂和前梁各庄的按户资料(见黄宗智,1996:32,198)。有关正式与非正式借贷及中人的作用,最好的资料是六卷本满铁研究《惯调》(1952—1958)(见黄宗智,1998:34—37,53—55)。这里所做的观察也依赖此章中和黄宗智(1998)引用的案件。

第七章 债

作为第一宗例子,让我们来看看郭江氏对陈许氏的案件。1935年,在镇上做女佣的郭江氏先是借给她的密友陈许氏(也是女佣)17元,后再借给她10元,口头讲好月利2分。一年以后,陈许氏想把借期再续一年,两人同意立一份书面契约。郭江氏把27元贷款预先写成40元以遮掉过去两年的利息(每年24%,即总共12.96元)。结果是到了1937年,陈许氏不能如约按期还清贷款。当郭江氏把她告到法院时,她试图说明她只借了13元。明智的法官知道郭江氏做了手脚。尽管法官提到了解实情,即40元的数字包括讲好的利息(他特意指出,这是很高的利息),但他还是选择依照书面契约做出判决——判令陈许氏偿还40元(宜宾,1937.5.1[债-15])。

在宜宾的另一宗案件中(也在1937年)原告李海泉声称他曾在阴历八月三日借给钟汉章150元,这笔钱应在当月二十八日偿还。根据书面契约(以可转让的"红票"形式),该笔借款免息。然而钟汉章说借款的实际数额只有112元,该数额浮到150元包括了38元的利息。法官同样知道究竟发生了什么,但却写下判决如兹:"红票乃'有价证券',既经署名签押,自应照注定数目给付,为本为利,均可不分。"(宜宾,1937.1.28[债-17])钟明显是急需现金而同意这笔112元、时间仅仅25天的贷款,为此他要支付极高的利率(33.9%)。而李则可能是一个精明老练的债权人,他先拟了一份完全没有超出法律许可范围、绝对有束缚性的契约。

类似地,在1947年的吴江,一个有权势的军官俞杰(靠放高利贷赚钱)贷给药店商人袁化120万元(战时通货膨胀年份里大大贬值了的货币),时间四个月,月利两角五分。当袁未能按期还款时,

141

俞告了他一状。当然到那时欠付的利息已翻倍。但俞在状子中没有提到最初的贷款或利率的细节,他只出示了 240 万元债务的正式"期票",对最初的本利绝口不提。尽管袁向法官申告了实际情况,但不起作用。法官坚持被告袁必须支付正式票据上要求的 240 万元整(吴江,206.1:280,1947.8.15[债-5];亦见 206.1:103,1947.4.7[债-7])。

如果这些案件有代表性的话,则可总结出国民党法官倾向于按书本办事,强调书面契约的头等重要性。对受过西式法律院校训练的法官来说,那可能是不足为怪的。我们可以推测,清代县令可能会做出不同的表现。他们可能会依照约定的事实而不是看书面契约的"外表",较少忍受"高利贷"利息的收费,并给予那些不能还债的债务人较大的伸缩余地。

国民党立法者最初的目的,显然是试图通过立法规定比清代通行更低的利息限制来重塑社会惯习。但没想到却产生了不幸的结果而且还鼓励了那些规避法律的手段,并使法院几乎成为它们的同伙。债权人与债务人捏词诬示他们的约定,而且因为书面契约如此受法律看重,法官结果等于成为那种欺骗中有意的同谋。

当国民党采取靠任意印刷纸币的方式满足其战时开支需要,完全不理健全的货币政策时,另一个问题浮现出来。就像国民党政府顾问(普林斯顿大学经济学家)亚瑟·杨(Arthur Young)以前证明的那样,结果是造成 20 世纪 40 年代无法控制的通货膨胀(杨,1965)。国民党法典,像此前的清代法典一样,对在价格变化时利息该如何调整并未明确表示任何立场。立法者显然是假设 20% 的最大年利率将足以在任何可预见的情况下为资本带来合理的回报。

这样就留待法院自己去找办法处理债务案件中飙升的价格。有些法院寻求折中的处理方法,就像1947年吴江的一个案件那样。案中商人邱辅卿在1929—1937年间借给8位农民不同数额的款项,以月利2分计息且拿土地作抵。抗日战争结束后,他要他们偿还2000倍的本金外加利息。他在诉状中提到实际价格已上涨了10 000倍到20 000倍。在法典缺乏明确指示的情况下,常识认为以原议定价为基础还款不公平,因为此时(同样数目)的钱与借款时相比价值已大大降低(还不及法院的收费)。法官在这里采取的行动是一种妥协:他允许1000倍的还款,但同时把说好的24%的利率降至法律许可的20%(吴江,206.1:103,1947.4.3[债-1])。

在前面引用过的另一例吴江案件中(放贷者魏深之借给唐涵斋及其子1200元),我们看到一个极不相同的结局。法院确实不承认24%的利率,但它承认一笔调整过的20 000倍(原借款)的价格,即一笔56 000 000元的巨款(本金加6年利息,加最初收的160元利息,皆乘以20 000)。此案中的法官显然是试图充分考虑通货膨胀的影响。

但该逻辑是不容易完全遵循的。到1948年价格已上涨至天文数字般的以万计算的倍数。在内战的最后一年里,具体数字更远远超越那些数字。① 在这种情况下,人们必会对是否有任何真正能满足债务人和债权人双方的公平途径感到疑惑,但有一件事确凿

---

① 1948年8月国民党"金圆券"发行时每元值0.25美元。仅仅在几个月之后,1949年4月兑换率已升至800 000:1,到5月兑换率已超过23 000 000:1(张嘉敖,1958:319)。

无疑,成文法没有试图解答此问题。

对法院来说最后一个比较困难的领域是抵押的惯习。正如我们所见,国民党立法者简单地假装此习俗并不存在。中央政治会议在解释质权时陈述道:"我国素有典权之成立,不动产质权,于社会上向不习见自无创设之必要。故本章仅设动产质权权利之规定"(傅秉常、周定宇,1964,2:843)。

立法者是真地相信他们自己的话,还是只是觉得抵押惯习不可接受不得而知,但法典的条文是明确的。立法者们不厌其烦地规定抵押惯习不合法,似是为防其真实存在。他们首先把"抵押权"定义为一种"抵押"(mortgage),在欠付时只允许取得出售土地的款额,不允许所有权转移;其次是规定任何与之相反的约定无效(第860、873条)。

因为此习俗确实存在,至少在某些地区如此,故我们会发现几起最高法院对其所做的判决就毫不奇怪了。例如,在1930年,法院裁定"纵令当事人于设定抵押权时,曾以特约声明债权届期不偿,即移转所有权,其约定亦应认为无效"(傅秉常、周定宇,1964,2:830;亦见一项1933年的裁决,第831页)。这一观点经由司法院1938年、1939年的一系列解释而完全明确。其中的一次解释是,"债务人依当地习惯,以所负债额作为不动产卖价,与债权人订立买卖契约,既不移转占有,并约明于一定期限内备价回赎,则此种契约名为买卖,实系就原有债务设定抵押权……自应受民法第八七三条第二项之限制。纵令届期不赎,亦不发生所有权转移之效力"(同上,第833页)。换句话说,法律系统在拒绝习俗中的抵押上观点一贯鲜明。

但某些地方法院仍对抵押的两种用法及法典在抵押、质权和典卖之间所做的细微区别感到困惑。地方法官可能会受到法典的几方面拖扯。一方面,在第 873 条它特别说明不会承认在欠付情况下要求转换土地所有权的"抵押"契约。另一方面,因其坚持为贷款质押土地的行为不存在,它根本就没有在质权节提到"不动产"的问题。从后者的假定事实出发一位地方法官可能决定遵循法典中"总则"编第 1 条的指导:"民事法律所未规定者依习惯,无习惯者依法理。"

我们已经碰到过一宗法官确实遵循习俗的顺义案件。在那宗案件中(第五章引用过),原告田树椿从被告蔺凤儒处收到 10 亩地的质押作为一笔 136 元贷款的担保,但实际上明显就是习俗中的抵押。然而蔺称他们的商定为典卖,而田也附和其说。但法官清楚地了解其契约真正是什么——习俗中的抵押。他的裁决(不寻常的一次)以商定的实质为基础,没有考虑第 873 条:被告必须还清贷款,或失去土地交给原告。①

如果在法典本身和那些不得不应用它们的人的头脑中仍存在混淆的话,立法者最初的打算是不含糊的。在拒绝抵押惯习时,立法者试图做的是在信用市场的逻辑(在其他地方他们对此予以接受)和土地永久所有的(前商业)理念(对此他们试图紧紧予以把握)间划出界限。抵押惯习本身并没有划出这样的界限。它把土地当作所有其他财产一样处理,如果债务人把一块地作担保贷一笔一定数目的款项而又不能如期偿还,债权人有权据有那块土地,

---

① 这是我的全部收藏中唯一一个法官完全不理法律而以习俗为基础进行判决的例子,让人怀疑如果有人上诉,判决可能会被推翻。

145

就像对待这样作抵的任何其他有价值的东西一样。

但国民党立法者相信在土地所有权中需要维持与市场价值不同的伦理。我们已经看到,他们对典实际上采取了同样的立场。由于土地对农民生活是如此重要并对主人有着如此深刻的象征意义,出典人应被给予持续的回赎权。对债务人也是如此。债权人可以要求拍卖欠债者"抵押"的土地,用取得的款额来清债,但他不能获得该土地的所有权。换句话说,不允许富人通过放贷鲸吞他人的土地。于是,意外地,是实行抵押惯习的人们把信用市场的逻辑推行到它的结论,而国民党立法者则坚持相反的诞生于农民经济的理想。

第八章　赡养

社会学家费孝通认为西方社会和中国社会代表两种迥然不同的赡养模式。现代西方遵循他所称的一代传一代的"接力"模式。父母养育了孩子，但孩子通常并不在父母年老时供养他们来报答养育之恩。中国则自古以来遵循"反馈"模式，孩子在父母年老时对其"反馈"报答（费孝通，1983）。费氏的理想类型在多大程度上与实际相符？对理解清代和民国时期赡养在习俗、法典与司法实践上的变化和连续，它能对我们有多大的帮助？本章从民间惯习开始，然后考虑清代和国民党法典间不同的概念构造，最后分析法院的行为。

民间惯习

在中国农村多种被严格遵守的习俗中，赡养年老体衰的双亲相比之下最少受到质疑。借助满铁在20世纪30—40年代的实地调查,我们可以追溯到清代至民国晚期华北地区遵守该习俗的情况。

村庄调查资料

根据村庄受访者所言,华北的养老有三种主要形式。一种是把家里地的一部分拿出来放在一边作为父母的养老地。在其他两种形式中,儿子们或者轮流为双亲管饭,或者每年给双亲定量的粮食("养老粮")或钱("养老费")。也有不少混合这三种形式的例子(《惯调》,1:317,3:150,5:66—67)。

第一种形式最为流行。按照村民们的说法,有土地的家庭总会专门拨出一部分地给父母亲,即使这家只有极少量的土地也是如此(《惯调》,4:168—169;亦见 1:6,8,317)。但留多少亩或多大的比例却没有一定之规。我们从表 8.1 中看到,沙井、寺北柴和侯家营三个村子(满铁研究者做过详细调查的三个村子)的 19 家农户中有 17 家采用这种养老方式。但用于养老的土地数额变化极大,从少至全家土地的 1/9(如沙井村杨源之父)到多则全家土地的 5/7(沙井的杜春与寺北柴的刘玉德)。①

---

① 在刘玉德的例子中,他的儿子们保留了生产力水平最高的菜地。

表8.1 三个华北村庄中19户自耕农家庭的养老规定，20世纪30—40年代

（土地：亩）

村民姓名		家庭农场			儿子		《惯调》出处
		分家时间	总耕地	养老地	人数	每人保留耕地	
沙井	杨源的父亲	1929	270	30	2	120	2：17
	杨源	1937	150	30	3	40	2：17
	刘坦林	1940	20	8	2	6	2：261
	李树林	1937	19	10	3	3,6①	1：242,251
							2：7,103
	任振纲	1936	11	5	3	2	2：252
	赵俊山		8	4	2	2	1：295
	杜春	1937？	7	5	4	0.5	1：283
寺北柴	赵印	1930	80	42	2	19	3：157
	郝狗妮		20	5	3	5	3：150
	郝国良	1909	11.3	0②	5	2.3	3：92—94
	刘玉德	1925	7.3	5.5	3	0.6③	3：122
侯家营	赵权	1932	173.7	0	4	43.4④	5：475—477
	刘斌奎	1939	145	25	4	30	5：104,107—111
	侯治平	1936	100？	30	4	17.5	5：282
	侯元功	1910	86	32	3	18	5：93—94
	刘万臣	1935	30	15	3	5	5：97
	侯长惠	1936	20	10	2	5	5：121
	刘树凯	1941	18	6	2	6	5：293—294
	侯长恩	1929	17	12	2	2.5	5：188—190

注：所有数字都按四舍五入法保留至小数点后一位。

①有三个儿子，但其中一子好像在分家前就不在家了。由于树林分得房子，他比其兄弟分到的地少。母亲与树林一起生活。

②每个兄弟每年给他们的母亲两石小米、两石麦，外加每月两吊现钱。

③菜地；养老地包括四亩低产坟地及村外一亩半地。

④此数乃平均数。土地曾根据质量按不同的数目分配。

由调查资料判断，家庭的相对富裕程度是一个决定因素。有足够的土地可以生活在远远超过糊口水平之上的家庭，如杨源和他的父亲（沙井）、刘斌奎和侯治平（侯家营），倾向于留较小比例的地作为双亲的养老之用。但相对于这些村子里的人均土地所有面积（沙井2.5亩、寺北柴2.9亩和侯家营4.4亩[黄宗智，1986：322—323]），他们25—30亩的养老地规模是够大的了。

按侯家营一位受访者的说法，在中间范围，或大致在"中农"阶层，标准可能是40%—50%（《惯调》，5：168—169）。大多数拥地20—30亩的家庭实际上就是这么做的，像沙井的刘坦林和李树林、侯家营的刘万臣和侯长惠。沙井的郝狗妮是一个例外，他甚至觉得有必要向满铁调查者解释，像他这样的家庭，三个儿子有20亩地，按理要拿出10亩来作为赡养父母之用，不是像他们那样只拿出5亩。但他提到他和他的兄弟们负责双亲的每日三餐，并暗示另外给一些钱（《惯调》，3：150）。

至于最穷的农家，可能要把全家土地的3/4拿来赡养父母，就像上引刘玉德的例子那样。实际上，有些农民受访者说在这些低收入家庭中，几乎所有的土地都用于父母养老。沙井村的赵俊山和他的兄弟就把他们家 8 亩地中的 4 亩安排作他们双亲的养老地。他告诉采访者说如果一个家庭只有 3 亩地,那么这 3 亩都要用作养老地,兄弟们将一点也分不到。侯家营村(那儿的土地比沙井的瘦)的侯瑞和提到如果一个家庭只有 10 亩地,所有的地都要用作养老地。原因很简单,家庭必须对父母亲的生存负责;儿子们毕竟还可以外出用工谋生,而父母亲已太老不能这样做了(《惯调》,5:293—294;亦见 1:295)。① 正是根据这一逻辑,侯长恩将 17 亩地中的 12 亩留作己用,而只给他的两个儿子各 2.5 亩(《惯调》,5:188—190)。

最穷家庭的这种安排对那些朝不保夕的人来说显得过于大方了,但从生存需求的角度看,他们的行动却很好理解。根据满铁调查人员的粗略估计,要生存,一人每年需要三石,或每月 40 斤粮食,略相当于新中国集体化时期一个成年人的最低口粮值。在华北,平均粮食亩产量约一石,侯家营产量相对较低而寺北柴产量要高得多。换句话说,3 亩地约是一个人在这个地区生存所需的最起码的土地(黄宗智,1986:145;1992:185)。

养老地的安排中还有另外一种考虑。在分家时如果家中还有未出阁的女儿,儿子们会被指望要为她们从养老地之内置备嫁妆(《惯调》,1:41,255;3:84,86)。然而据那些回答过满铁调查员问题的村民所说,该义务的负担不是太大,而且不会对儿子们得到的

---

① 但从侯家营刘树凯的例子中,我们知道有些老农确实找到了一些别的赡养途径。按刘的说法,这个八口赤贫之家不再能够养活自身,所以他把土地分给他自己和两个儿子,这样每家都可以其可能的方式生存得最好。刘看起来仍可以耕种他自己的 6 亩地,并捡薪柴、拾肥补贴收入。

土地的数量有实际的影响。一般也不指望兄弟们会为姐妹们的婚姻从自己的份地中抽出一部分(《惯调》,4:70,105;5:93)。

养老地通常与其他两种赡养方法连用。一般来说,土地是由儿子们耕种,通常各人负责均等的份额。郝狗妮和他的两个兄弟(寺北柴)把收获的东西都留着,但五天一次轮流管照父母三餐(《惯调》,3:150;亦见5:97,有关侯家营的刘万臣)。李永祥(冷水沟)选择每年给一笔固定的粮食,他的母亲有6亩养老地,他和他的兄弟每人各耕种3亩,每人每年给她200斤小麦、四斗米及一斗豆子(《惯调》,4:71)。在有些情况下,儿子们以实物或金钱交付养老地的地租,就像一般佃户那样。

当然也有与这些形式略为不同的方式。例如,沙井的李树林(虽然不是独子)为他的母亲提供一切,他的母亲与他生活在一起。她的10亩养老地中的4亩实际上与树林的农场和家庭财务合在一起,没有区分哪些是她的、哪些是他的。当被问到他为什么会有这种安排时,树林回答说这是因为他是长子。另外,次子很久前就离开了村子,而我们不知道第三子的详细情况(《惯调》,2:100)。偶尔也有人把养老地租给他人耕种,或在雇工的帮助下由父母亲自己耕种(《惯调》,2:261;3:122)。沙井村寡妇张氏的例子最为特殊,她与同是孀居的媳妇韩氏住在一起,家中只有两个女人。她们不仅自己耕种张氏的5亩养老地,韩氏还外出打短工(《惯调》,2:12)。

按照一般的理解,留出来的地最终会作为父母亲的丧葬费用来源,用村民的话说,叫作"生养死葬"。所有养老地通常都会为此而被卖掉,除非儿子们有能力用现钱支付葬礼开支而等于是把地"买"了回来。否则,只有在支付完葬礼开销后仍有剩余的情况下,土地才会留到儿子们手上(《惯调》,1:297,302;2:17,90)。如李树林就能保留从其母亲的养老地中分给他的4亩地中的1亩,尽管按他所说,其他3亩只卖了400多元,而葬礼总共花去530元。其中包括酒食200元、寿衣80元、纸钱纸像20多元、雇吹鼓手和抬杆头50元,以及孝衣80元(《惯调》,2:258)。

接受访谈的村民强调,不是所有人家都用养老地这种方法赡养双亲,虽然他们只给出了两个例子:寺北柴的郝国良家和侯家营的赵权家。郝国良(在调查时是村长)和他的四个兄长于1909年分家,当时郝还只有13岁,而大家约定他们的母亲将与他生活在一起。每个兄弟只分到2亩地,外加2分半菜地。什么也没有留下来作为母亲的养老地。分家协定要求五兄弟每年分摊四石谷,外加每月两吊钱,这些钱谷即她的生活来源。直到她1934年去世,协定看起来执行得很好,没有产生问题(《惯调》,3:92—94)。

村民们提供的另一个例子赵权家——赵权是侯家营学校的校长,一个相对富裕的商人的儿子。当赵权和他的三个兄弟在1932年分家时他们把173亩7分地全分了,但有协议,每人要拿出与约10亩地产量相等的东西(或按赵权所说,每亩五斗谷)来维持其父母亲的衣食之需。1942年调查时他们的母亲仍在世,由四兄弟每月一家轮流供养(《惯调》,5:475—477)。

无地家庭显然得找出些别的赡养办法。这里我们可以引用两个极不相同的例子。第一例是吴店的张文惠、张文奎和张文中兄弟,他们都是无地的长工。据寺北柴村接受访谈的农民们说,在这种情况下,儿子们应该每人每年从自己挣的钱中拿出一点作为双亲的赡养费(《惯调》,3:79)在这个例子中,有位姐姐曾设法筹到

180元钱并把它交给文惠,要他每年将2%的利息(3.6元)用作奉养父母亲的开支,负责购买他们的食物,并负担他们的丧葬费用(《惯调》,5:499)。

对另一个家庭来说,钱不是问题。侯家营的侯元珍和他的三个兄弟中的两个在城里当职员,按村里标准相对较富裕。他们在1918年分家,但没有土地可分。大家商定父母亲和留在村里的那位兄弟一起生活。其他兄弟每年一起资助总共100吊的现钱,外加一石米。他们的父亲在分家后一年(1919年)即作古,但他们的约定一直维持到他们的母亲于1931年谢世为止(《惯调》,5:91—92)。

按照村民们所说,老人们自己似乎倾向于养老地的安排,因为正如一位村民直言不讳地说,如果碰到不孝顺的儿子,老人们还能通过把份地(养老地)租出去活命(《惯调》,4:445)。例如,寺北柴的赵印认为他自己的儿子和养子("义子",非继承人"嗣子")均懒惰成性,所以他把80亩地中的42亩留作自用,以防"万一他们变得比现在更糟"(《惯调》,3:157)①。另外,许多做儿子的可能会喜欢其他的安排。寺北柴的郝狗妮说他喜欢"轮流管饭"方式,因为那样避免了不得不重新分地的麻烦,或许是因为那样儿子们会得到更多的土地?(《惯调》,3:150)。

所有这些调查资料最突出的一点或许是无人对儿子们应赡养双亲的义务提出疑问,也没有任何人提到因采用国民党法典而发生的任何变化。在调查最彻底的三个村庄(沙井、寺北柴、侯家营)

---

① 但一名山东村民告诉满铁调查员他最喜欢"轮流管饭"的方式(虽然这并非他自己的安排)。因为"如果儿子孝顺,你会吃得好"(《惯调》,4:360;亦见5:139)。

所记录的41起纠纷中,只有一起涉及养老问题,而且是一件反常的案子。案中一位挥霍成性的母亲企图迫使其子把土地卖掉(有关这41起纠纷,见黄宗智,1998:23)。满铁调查作为整体来讲记录了在此领域内清朝末年至民国晚期整个时期内习俗的强大势力。

农民实践的逻辑

这样,民间惯习告诉我们儿子们必须奉养年老的父母这个原则是如此地被视为理所当然,以至无人会想到去解释为什么要这么做,更不会去质疑是否应该这样做。人人都认为事情只能是如此。但隐含在那些惯习后面的逻辑却并非那么明显。首先,是养老地所有权的问题。这里我们有一个极端的例子。赵印在57岁时把他的土地分给两个"懒惰"的儿子(一个亲生,一个收养),他"给"他们每人19亩,留下42亩给自己作为养老地。在这个例子中,因做父亲的仍在世且相对有精力,这里的假设是所有的土地,包括养老地,都是他的财产。对于另一个极端,我们有另外一个例子。其中分家在父亲过世后进行,因此养老地只打算为其母亲留着。这里的假设是土地属于做儿子的(因母亲没有所有权),是他们把土地"给"母亲作为养老之用。在分家文书中使用的措辞是"与",就像在"与母亲生养死葬"中一样(《惯调》,3:81)。

但在任何一种情况下所有权都不是绝对的。虽然当父亲仍是实际上的家长时,土地被认为是他的,但很清楚的是,他的儿子们对拿出养老地之后余下的部分有无须明言的"权利"。正如我们所看到的,赵印为自己保留了比按常规预期要多的土地,他相当强烈地意识到了这一点,但他还是这样做,因为他不相信、不满意他的两个儿子。再则,尽管他明显是个个性较强的人,但他不可能保留所有土地,他必须分出相当一部分给他的儿子。类似地,一位寡母对儿子具有不必明言的约束权。从表面上看,契约说是他们"给"土地供她养老,但实际上他们并不能随意处置全家的土地。在她年老时奉养她的义务是与继承权相随的,他们不能置之不理。

换句话说,民间习俗将财产所有权与家庭周期相连接。所有权从来不会简单属于个人,而总是与家庭农场连在一起。就像父母亲在孩子小时抚养他们一样,孩子也要在父母年老后赡养他们。这是费孝通系统化了的反馈模式的核心。它需要放在小农家庭农场经济财产体系中去理解。

而且,养老的原则不能仅仅被视作一种财产制度。正如我们已经看到的那样,对只有极少土地的穷户来说,优先要做的是确保双亲的生存,哪怕这意味着儿子们将得不到任何财产。如农民所说,这里的逻辑是,上了年纪的双亲已不可能指望靠干活去养活自己,而儿子们总是能够做工谋生。他们没有明言,但清楚假定的是,家庭财产不足并不能免除儿子无条件奉养年老双亲的义务。穷困潦倒的无地雇农也得找到供养父母的途径。我们可以说,父母借赡养而维持生存的"权利"是超越任何财产所有权的逻辑。最后,从上面的叙述很明显可以看出女儿通常并不参与分家,只不过要考虑为她置办一份嫁妆的费用。而这个考虑一般不会导致家庭土地分配份额的具体差别。实际上,土地所有权跟儿子走的做法一直保留在整个民国时期,就像养老的义务一样。

第八章　赡养

习俗与法律

　　清代法典与农民的观点基本一致。我们看到，它把土地处理为属于父系家庭的东西，而不仅仅属于个别家长。土地财产按定义是家庭财产（"家产""家财地产"）。家长的意愿（遗嘱）只有有限的法律威力，因为做父亲的不能剥夺其亲生儿子的继承权。而且该儿子成为自己家庭的家长时也只有有限的土地所有权，未经父母的同意他不能任意出卖其分内的财产。而赡养父母则是法律上他应尽的义务。法典把这一所有权原则推向其逻辑结论：一对没有亲生儿子的夫妻必须从最近的父系亲属中过继一位嗣子，即某位兄弟的儿子。与亲生子一样，该侄子在继承他们的财产时，也有负责赡养他们的义务。

　　本质上，清代法典所拥护的是费孝通的代际间反馈模式。当孩子小而不能工作时，父母会抚养孩子。在他们自己老了，不能工作的时候儿子们要奉养他们作为回报（女儿当然一般是嫁出去的）。土地不是像在现代市场经济中那样属于个人所有，也不是很容易买卖；相反，土地是由家庭作为一个单位耕作，而且（至少理论上）永久持有，一代传一代。在这些方面，清代法典与习俗及其隐含的逻辑完全一致。

　　清代法典把这些财产原则与孝的意识形态联系在一起，即使该意识形态并未被清楚说明，而只是被视作理所当然。父子关系被看成整个社会秩序的基石，广而言之，也是整个政治体系的基石，就像《孝经》明确阐明的那样。法典没有详尽阐述孝的原则。

157

它只是规定儿子未能奉养双亲将被认为是一种犯罪(律338),更特别规定,一个儿子如果未能"营身"以"养赡"其双亲,并导致他们自缢身死,他将被杖一百并流放三千里(例338-1)。

与这一坚持孝的意识形态、以惩罚相威胁的态度相反,大多数农民采用比较实际的养老地方法,而法律对此并未提及。正如被调查的农民所言,这种处理方法的优点在于即使儿子变得不孝,老两口仍然可以靠土地生存。然而,成文法和民间惯习在清代总体上是一致的。两者都无条件要求儿子赡养双亲,两者都视土地所有权为父系家庭所有,带有赡养的强制性。

国民党立法者在处理这一问题时并未"把小孩与洗澡水一并泼掉",但也差不多如此。因为财产制度不再具有任何要求赡养的强制性,法典在确实言及此事时提倡一种不同的逻辑。个人有义务赡养其双亲及其他相近血亲,不是像欠了债而该这样做,而是为了不让父母成为社会的负担。但第1117条和第1118条几乎把他们的这一义务也免掉,他们只有在财力和收入允许的情况下才得这样做;父母亲也只有在他们自己的财产和收入不足以维持生存时才有权要求接受奉养。假使这就是国民党法典在此问题上的最终决定,其结果可能会与费孝通提出的接力模式十分相像。

虽然国民党立法者实际上偏离清代法典和农村习俗两者都很远,但最后他们不能把这些条款推到其逻辑结论。问题于是变成要找到什么样的途径来填补两者之间的鸿沟。他们并不愿意从引用自19世纪的古典自由主义的财产逻辑中让步,因为他们视其为西方最新最好的原理,而且是经济发展的关键。与此同时,他们也不愿提倡清代孝的意识形态,因为它是建立在他们决定摒弃的父系社会秩序上。他们采取的方法是只对第1117条做实践规定方面的修改,没有意识形态的解释或辩护。他们首先坚持其德国模式,规定"受扶养权利者以不能维持生活而无谋生能力者为限"。但随后加上的句子完全是他们自己拟造的:"前项无谋生能力之限制,于直系血亲尊亲属不适用之。"这样,孩子必须无条件地赡养父母。譬如他们不能通过要求父母自己工作养活自己来回避义务。至于习俗的父系惯例与法典坚持的男女平等继承两者之间的差距,以及同样存在于养老义务上的差距,立法者把它留给法庭让它们尽其所能在两者之间进行协调。

亲生儿子养老

法庭案例又一次为我们展示了哪些地方成文法屈服于习俗、哪些地方成文法坚决反对习俗。在习俗、清代法典和国民党法典间有一点互相重叠,即亲生儿子要无条件地赡养父母。清代法典把这一要求归入其隐含的孝道的意识形态,及其对那些未能赡养年迈双亲者进行惩罚的明确规定;国民党法典通过把"直系血亲"放在"互负扶养之义务"的各种亲戚的最优先地位(第1114条)并进一步规定(正如我们刚才所见)一个人有义务奉养"直系尊亲属",不管其"谋生"的能力如何(第1117条)。① 两部法典的实际结果都是在安排和要求儿子进行赡养,对父母伸出了强有力的援手。

---

① 1928年的《刑法典》通过规定一个人"遗弃"其"直系尊亲属"为严重犯罪而增加了这些条款的分量(第310、311条)。该段在1935年法典中略有修改,主要是明确规定如果这种遗弃致人于"死或重伤"时会被处以什么样的惩罚(第294、295条)。

根据笔者所见的案件记录判断，习俗和法典的联合压力在清代十分强大，以至在亲生儿子赡养双亲上几乎没有什么纠纷。实际上，来自巴县、顺义和宝坻的74件继承和养老案件中，没有一件涉及儿子与其亲生父母。让我们先看看两起涉及继子的案件来提前谈谈下一节的内容，以表明清代法庭如何支持养老原则。在来自宝坻的第一起案件中，49岁时仍然无嗣的原告赵洪在1843年（打官司前16年）过继侄子庆维为嗣。当赵和他的妻子觉得他们与庆维相处得不是很好时，赵决定只把他的30亩地中的10亩给庆维而留下20亩作为他们的养老之用。后来他把这20亩地与房子以590吊现钱卖掉，老两口去与女儿女婿一起生活。庆维对这一安排极为愤怒。据说庆维在1859年其养母的葬礼上砸破了一些东西并与养母女婿的哥哥发生斗殴，并打伤了他。赵洪随即状告庆维的"不孝"行为。法庭毫不含糊地站在养父一边，判令掌责庆维，并要他保证再不就其养父做的安排滋事（宝坻，182，1859.9.1［继-3］）。

另一件案子在1850年闹到宝坻县法庭，此次事涉一位继母与她丈夫前妻之子。原告王桐为5亩地起诉他守寡的继母，这5亩地是给她养老用的，他声称该地应给他。王桐这样做仿佛是受了他妻子的挑唆。县令着乡保"协同王姓族长查明理处复夺"。乡保依令行事，以对寡妇有利的方式解决了争执，并如实报告县令（宝坻，100，1850.3.15［继-2］）。

在这两起案件中，我们看不到那种无疑有助于使儿子与其生身父母在赡养问题上的纠纷减少到最低限度的感情附加。但即使那种感情附加没有起关键作用，法典和习俗的道德力量、养老地非常实在的习惯性解决方法,以及社区和亲族集团调解人的调停,皆有助于使这类诉讼在清代成为非常罕见的事。除了这些,还有一点也很重要,亦即可以料到清代县令会严肃处理任何被确证的虐待父母事件。因此,只要父母告状,其威胁即足以迫使儿子遵从。

笔者所见民国案件记录恰好有这样的例子。1926 年,顺义县 61 岁的刘殿珍状告他的次子荣云"霸种"其地却不赡养他们老两口。分家时刘曾留有 27 亩地作为养老地,他的三个儿子各耕种其中的 9 亩并向老两口交租。然而荣云拒绝交租,说是那些土地本来就应该分给他们兄弟。事情的结果是,殿珍仅仅呈上状子就足以迫使荣云恳请社区调解人出面请求其父的宽恕,并允诺以后交租。鉴此,刘殿珍要求撤诉(顺义,2:390,1926.8[继-12])。

在另一件顺义案子中(1927 年),孙鉴曾与其第三任妻子外出谋生。当她过世后,他回到自己的村子并要求自己的两个儿子(一个为与第一任妻子所生、另一个为与第二任妻子所生)赡养他。他们并不情愿,于是孙状告他们。最终结果又是这样,孙提出控告已足以迫使两个儿子接受村里的调解保证供养他(顺义,2:495,1927.7[继-141])。

从该县的另一个案子判断,国民党法典似乎并未有很大的差别。郭永升有 60 亩地,10 年前(1921 年)他曾给他的三个儿子各 10 亩,留下另外 30 亩用作养老。1931 年 12 月(《新民法典》"亲属"编和"继承"编生效约 7 个月后),他状告其次子长林不务正业,卖掉了自己继承的所有土地,现在竟想盗卖养老地。他还控告长林的儿子把他的老伴推倒在地上,而长林本人甚至在用什么巫术企图谋害他。

该案问题部分源自这对父子的长期不和,部分源自这位68岁老汉的瞎猜疑。根据原分家协议,3个儿子每人耕种郭的10亩地并向他交租。然而据说是其长子"挖毁"了3亩农地(为了修房子?),而幼子用他分内的4亩地换了长林的房子。老两口于是把余下的地从这两个儿子手中要回自己耕种,但允许次子长林继续租种他分内的10亩地。分家协议中老两口留下60亩中的一半是多了点,或许这正是日后问题产生的根源。不管怎么说,由于儿子们违反了协议,父子之间早无信赖可言。

导致诉讼的直接原因是一份复杂的计划,即两个村民用他们的6亩农田换幼子的1亩场院地。正是这个计划把长林也牵扯进来,因为房子曾是他的。听到关于这笔交易的流言,老汉臆想长林是想卖掉"他的"份地,他看来也是把长久积蓄的所有怨忿一股脑向次子发泄。虽然很清楚老汉至少有部分不是,但官方归咎于晚辈是没有疑问的。所以收到郭永升的状告后,警察立即逮捕并拘留了长林进行审查,而法庭甚至在了解了那些指控源自误解之后,仍要求几个儿子具结保证从此以后"孝顺"。法官确实也在结状中暗示为父的责任,说父母"亦不可过求",但还是裁定假使儿子们再犯"不孝",他们将受到严惩(顺义,3:442,1931.12[继-20])。

这几个案件中的父亲都处于较强势的地位,因为他们仍能干活且相对较富。但即使是一个处于较弱势地位的单亲,不管是因为丈夫已故还是因为年老体衰或相对贫穷,都能利用法院系统向有过失的儿子施加压力。例如,在1927年,顺义县55岁、几乎失明的刘振先起诉他的长子守忠没有来探视、赡养他。守忠像他的两个弟弟一样在外当雇工谋生。法律和习俗的力量如此强大,以至守忠通过调解向其父道歉并许诺供养他,刘才撤诉(顺义,2:495,1927.3.19[继-19])。类似地,寡妇袁段氏(1936年)起诉她的继子虐待她并企图卖掉她赖以为生的小店。最终结果又是这样,仅仅是提出控告就足以使继子接受社区调解并道歉,寡妇于是撤诉(顺义,3:1164,1936.3[继-30])。

甚至有这么一个例子,一名寡妇企图滥用法律和习俗赋予她的权力。她是徐刘氏,与她的亲儿子徐福玉及其媳妇一起住在寺北柴村。据接受满铁调查员访谈的人说,大家都晓得这个老太婆尽管家徒四壁,仅有一两亩地,但她花钱有点大手大脚。她仿佛是要福玉绝卖已经典卖了的1亩地。当做儿子的(村民们都说福玉诚实、勤奋)不肯时,她就诬控他不赡养她。起诉以毫无理由被县法院驳回。当时是1940年(《惯调》,3:153)。虽然此案中是儿子占优势,但做母亲的企图利用控告来对他施压的事实证明,甚至在相当晚的时期,习俗和法律对养老的压力仍然那么强大。

简言之,尽管意识形态和财产制度极不相同,但在要求儿子赡养父母方面,清代法律与国民党法律仍保持基本一致。国民党法律本来可能顺着新法典在父母和孩子关系问题上的逻辑而倾向接力模式,但立法者所做的抉择是规定养老为无条件的绝对责任,因此再次肯定了反馈模式。所以法院针对养老的实践在两个体系下都基本保持一致。

继子的问题

甚至在清代,继子赡养父母的问题也是成文法与社会现实之间的一个紧张点,而清代法律和国民党法律在这方面差别相当大,不仅表现在理论上,也表现在司法实践上。按照清代立法者的观点,规定无嗣夫妇从其直系侄子中选择嗣子乃是他们父系意识形态的自然延伸。问题是,法律考虑的是遵循儒家理想保持父系世系,它假定继嗣的侄子会负赡养父母之责,但实际生活的经验却是继子常常对养父母没有真的感情,而主要只关心他们的土地。结果是产生繁多的纠纷。

择嗣本身就是一件经常引起纠纷的事。如果在相同亲疏的同一序列上有一个以上的侄子,应该选谁?例如几个兄弟,或他们的成年儿子,会为谁去继承无嗣兄弟的土地而吵起来。而如果无嗣夫妇发现他们对那些合法的侄子一个也不喜欢,那该怎么办?1775年添加的一条例似乎是为了照顾这点:如果无嗣夫妇在与其最近的父系世系中的侄子"平日先有嫌隙",则法律允许他们选一个较远房的侄子(例78-5)。那是法律对养老实际考虑所做的让步,这对于世系较近的侄子来说则觉得自己被不公正地剥夺了(继承权)。而且这个让步也没有防止不少无嗣夫妻因不满其继子的赡养,或甚至是受到虐待而上法庭控告继子。

清代法典有关继承和赡养的条款在修订本清法典和北洋政府法典中基本保留未变。主要差别在于法院对它们的解释。清代法律制度大体上偏向法律规定的"应继"侄子,而民国的大理院则一贯裁定夫妇有权选他们喜欢的"爱继"为嗣。如白凯证明的那样,一种结果是给予寡妇在选嗣方面的否决权,而此前如果要避开法律规定的侄子,她要克服很多困难(白凯,1999:第三章)。虽然如此,仍然只有性格最坚强的寡妇才会利用这一新机会对抗习俗和父系亲戚。不管怎样,民国初期在选择继子和继子虐待其养父母

第八章 赡养

的问题上,纠纷和诉讼仍然不断。

有几个例子将有助于说明选择嗣子的问题。寺北柴村村长张乐卿曾告诉日本调查员一起引起诉讼的典型纠纷。三兄弟中的老大没有儿子,老二有一个,老三有两个。老二老三都想继承老大的土地,为谁该过继而争论不休,都坚持他自己的儿子应该是最合适的继承人(《惯调》,3:88)。很清楚,兄弟与侄子,通常视他们继承其无子兄弟或叔伯的财产为天经地义的事。于是在 1866 年,宝坻县一位侄子挑战其寡婶对她丈夫土地的权利。在此案例中,寡妇袁赵氏哺养了她丈夫与其妾所生的孩子并与他生活在一起。作为死者的亲儿子,他的继承权超过侄儿,结果法庭支持寡妇(宝坻,182,1866.5.1[继-4])。

在另一件宝坻案子(1894 年)中,那张氏和她的丈夫 20 年前过继了(她丈夫的)一个侄子,按法律系"应继"。可是,她在其丈夫的葬礼上受到另一位夫兄的质问,他觉得他的儿子应该是继承人。在这起案件中,早就确立的嗣子的合法性并无问题,法庭因而适当裁决(宝坻,183,1894.1[继-5])。

这件案子其实非常清楚,照理根本就不应该闹到法庭,就像顺义县 1919 年对寡妇郭穆氏的起诉一样。尽管她想遵守法律过继丈夫的侄子为嗣,但她在法庭上受到一个外甥的质问,该外甥是一位姐姐的儿子。但寡妇无疑是对的,纠纷由非正式的调解人适当调解,没有法庭判决(顺义,2:123,1919.4[继-2])。

尽管有最高法院的裁定,但如果一对无嗣夫妻在法律规定的有优先权的侄子以外选嗣,冲突总是不可避免。例如,在顺义(1920 年),寡妇齐唐氏不想选"应继"(她丈夫堂弟的儿子)为继承人,而是试图把她丈夫的土地交给"爱继",一个她娘家村子里的人——她在这个人儿时当过他的保姆。侄儿的父亲直接占据了土地并起诉,要求立他的儿子为继承人(案件记录到此为止。顺义,2:176,1920.1[继-3])。

养老案件中择嗣乃普遍存在的问题,或许在1927年顺义的一宗案件中有最好的表现。案中又老又穷的高永成企图通过虚构不赡养的故事来向高德太勒索钱财。他声称自己曾经无儿无女,后来过继一位侄子为嗣。当这位继子也没有儿子时,他依次又为这位继子过继了一个姓王的继承人,取名德太。这位德太曾赔了些钱但不赡养永成,也不让永成进他的屋。当法庭弄清楚这"两高"根本毫无关系时判令永成写下结状,保证以后再不制造麻烦(顺义,2:390,1927.5[继-11])。在这起精心编造的捏控中,真正的问题当然并不是永成的孙辈继承人是否合法(因其不属于永成的世系),而是过继的继承人赡养其年老养父母的责任。

对此问题再做一点其他的说明就够了。1849年,宝坻县的寡妇高陈氏提出了下面的控告。她过继了她丈夫的侄子高天旺为嗣,以继承她丈夫的财产:10亩地、1亩菜园及3间草房。但她被天旺的老婆虐待,天旺的老婆不让她吃饭,还打她。她被迫乞讨为生,但当邻居们对她表示同情时,天旺的老婆就对他们大喊大叫。她的继子天旺对此无动于衷。具令差当地乡保前往调查(宝坻,181,1849.5[继-9])。记录到此为止,我们无法判断高陈氏控告的真实性,但毫无疑问在她的控告中表达出来的主题乃一个普遍主题。

1927年,顺义县的寡妇冯李氏控告她的继子及其老婆、他的父亲(男方的堂兄弟)虐待她。他们耕种她的 10 亩养老地,但他们不仅拒绝交按道理应该交的地租,而且还企图卖掉其中的 7 亩。冯李氏的控告看起来是实情。由于她明显在理,纠纷在村庄中人的调解下以有利于她的方式得到解决,她随之撤诉(顺义,2:474,1927.7[继-15])。

在另一起顺义案件中(1926 年),寡妇李张氏控告她的继子(一个"鸦片鬼")趁她生病之机企图典卖她的土地。事情也是以对寡妇有利且法庭满意的方式由村子里的中人调处(顺义,3:338,1926.8[继-19])。

国民党法律在此领域所做的改变在养老问题上产生了新的问题。根据旧法律和习俗,继子有义务赡养养父的妻或妾(只要她没有再婚),他对她的义务和对他父亲的义务一样。然而,根据新法律,供养的义务只及于一个人的血亲,继子没有赡养继母的义务,除非她是他家里的一员并凭此要求赡养(第 1114 条)。这里也有源自旧观点与新法律条款之间冲突的诉讼(郭卫,1933—1940,2:984—985)。

回到本章开头提出的问题,我们首先可以总结养老的惯习确实接近费孝通的反馈模式。它们以土地所有权属于家庭而非个人的财产制度为基础。清代法典基本上肯定该模式。国民党法典最后也是如此,虽然它的出发点是接近费孝通接力模式的理论。

在国民党统治下和在清代一样,法庭坚持儿子有无条件赡养双亲的义务。除了那些源自与无子夫妻有关的新法律条文所带来的新的诉讼和诉讼当事人,我们掌握的案例体现了司法实践的基本连续性。

最后,费孝通的二分法框架看起来既能阐明问题又有局限。它鲜明地突出新旧法律理论之间的不同,但它没有能够抓住从清代到国民党时期法典、习俗和司法实践之间三重相互关系的实际变化与连续的内容。

＃ 第九章　清代法律下妇女在婚姻奸情中的抉择

清代法律从来只赋予妇女在社会中从属的地位，但它并不把她们视为没有意志的被动物体。它通过一系列围绕"和"这个字的条款的建构，把她们视作具有一定程度"自由"的抉择者。应用于现实生活中，那些条款为受侵犯的妇女提供了某些法律保护，但也给她们强加了不合理的负担。本章从对各类被中国档案工作者归为"婚姻奸情"的案件和相关法律条文的综合讨论开始，然后集中分析妇女的这种抉择的性质及清代法律构造对妇女的现实生活的意义。

司法分类与相关的法律

表9.1列出了我从巴县和宝坻县档案馆搜集的131件清代"婚

姻奸情"案件。这些类别(像"婚姻奸情"总类本身)是中国档案工作者采用的类别。因为这些案件不仅涉及(民国时所称的)民事问题如结婚和离婚,也涉及刑事问题如拐卖强奸妇女,讨论将必然包含民法和刑法两个方面。

表9.1 清代巴县、宝坻与婚姻有关的案件(依清代分类)

罪行	主要可适用的律	巴县	宝坻	总数
买休卖休	367	11	5	16
卖娼	367	7	1	8
略诱	275	17	1	18
孀妇改嫁	105-1	10	4	14
童养媳	—①	6	1	7
婚约纠纷	101	2	1	3
背夫在逃	116	6	8	14
和奸/刁奸	366	6	3	9
离异	116	2	2	4
诬告	336	11	1	12
其他	—②	21	5	26
总数		99	32	131

注:这里对罪行用的分类是清代法律的范畴。
①惯习未被法典正式承认。
②包括妻妾之间的纠纷及各种各样的性犯罪如窥视和偷摸。

虽然这些案件各不相同,但有一个方面它们却是意外地一致。

第九章　清代法律下妇女在婚姻奸情中的抉择

众所周知,冒犯阶层等级在清代法律条文中是件大事。① 我们因而可能会预料,这应是清代法庭行为的核心内容。然而我所掌握的案例表明:恰好相反,没有一件案子主要涉及对等级的冒犯,几乎所有的案子都涉及一般"良民"之间的关系(偶尔也会涉及凡人和低级士绅[生员]之间的关系,但法庭把这些人视同普通人处理)。即便在少数几个雇农与其雇主相争的案子中也是如此。例如,有这么一个案子,某户人家年轻的女儿与其雇工情夫企图通过起诉来迫使她的父母亲同意他们的婚事,她诡称她的父母亲毁坏婚约(宝坻,171,1984.12[婚-15])。像这样的私通事件可能是当时比较多见的"奸情"性的农村浪漫关系,因为雇工常常与雇主家吃住在一起。但事实是到了清代中叶,法律开始把农村中的主雇关系主要当作凡人之间的关系处理(经君健,1961:60,63;亦见黄宗智,1986:99)。在此案件中法庭对那对年轻人的判决不是基于他们冒犯了等级,而是因为他们违背了父母的意愿。这样,鉴于我们的目的是分析在最常用的法典条款下妇女的抉择,等级问题可以放在一边。②

现在转向这些案件的具体内容,我们可以把表 9.1 中的头五类案件归为一组,主要是与丈夫和家长买卖妇女相关。买卖妻子成婚或为娼、略诱妇女出售、强迫寡妇再婚及购买小女孩作为童养媳

---

① 对此的经典研究是瞿同祖(1961)。对各个不同等级的研究,见经君健(1993)。
② 这里再次提醒我们:《大清刑律》是一部多层次文献,不仅包含国家的官方意识形态,也包含对不断变化的社会现实的实际适应。甚至当国家实际已经适应民间习俗,表面的意识形态包装仍旧保留,有时与意识形态理想直接矛盾。坚持一个理想(通常在律中)同时又容纳民间惯习(通常在例中)乃《大清刑律》的基本特点之一。

171

等占了63件,即几乎总数的一半。考虑到18—19世纪广泛存在的贩卖妇女现象,这一比例并不令人觉得惊奇(见苏成捷,1994:第五章)。

这里最重要的律是律367("纵容妻妾犯奸")和律275("略人略卖人")。前一条律涵盖把妻子卖给他人作妻妾("买休卖休")和把妇女卖给妓院("卖娼")。清代"买休卖休"一词字面上与丈夫终止婚姻("休")有关,但明显地意味着妻子是被出售给别人作妻妾,而不只是短期售出或受雇,因为该交易需要终止她原来的婚姻(后者也是一种犯罪,但被涵盖在不同的律中——律102"典雇妻女")。

正如苏成捷已经证明的那样,在18世纪买卖妻子变得十分普遍,以至尽管法典条文禁止,但清代司法者承认、容忍了它。至迟在1818年,刑部便采取这样的立场:丈夫如因贫困所迫出售妻子将不会依违反"买休卖休"律而受到惩罚(苏成捷,1994,386—389)。在巴县和宝坻的16起案件中有9起声称卖老婆是迫于贫困。

这些妇女的生存状况肯定很悲惨,但她们可能比那些被卖为娼的妻子、女儿和媳妇还是要强一点。还是如苏成捷说明的那样,清代法典(秉承前代法典)原来有这样的概念,即所有娼妓都是下层的"贱"民,大多是"乐人"(如律113)。娼妓被承认合法乃因法律把她们视作"良民"阶层之下的低"贱"身份之人。另外,我要补充,法典对妓女的用词"娼"(以"女"为偏旁)实际上最先源自以"亻"(人)为偏旁的"倡",它与以"口"为偏旁的"唱"(唱歌)通假。这是"乐人"的另一称呼。1723年在法律上把"乐人"归类为良民后,指代她们的词"娼"才日渐变得主要指妓女,没有了当初下层贱民的意义。

苏成捷进一步表明,此一"解放"乐人的结果等于是宣布妓女为非法。作为"良民",乐人卖娼违反了良民不允许在婚外有性行为的法律(苏成捷,1994:第四章;亦见苏成捷,2000:第六章)。但社会现实是卖淫越来越普遍、泛滥,不管妓女在法律上是良民还是贱民。在此方面,清代法典与之最直接相关的部分是律367"纵容妻妾犯奸",在此即包含"买休卖休"的律。就像把老婆卖给别人为妻妾一样,这里的犯罪责任不是由妇女,而是由那些占主动地位的人承担,妇女从属于这些人:丈夫、父母,或鼓励、允许她们卖娼的公公婆婆。8宗此类案件中的4宗涉及出售妻子,其他4宗出售的是女儿或媳妇。

律275"略人略卖人"承认常有外人,不仅只是家庭成员企图以出卖或其他恶毒目的而把妇女略诱出去。这里我们再次看到,清代法律把罪责归咎于那些使妇女成为受害人的作恶者,而不是受害者本人。此律(律275)被放在贼盗节下,法律甚至含蓄地把那些妇女等同为被偷盗的物品。①

在法典看来,引诱与略人同属一类。虽然原则上法典区别了那些被迫或受骗被略卖的妇女和女孩与那些受骗或没有受骗被引诱的妇女和女孩,但它经常把两者合在一起,以致"略诱"几乎被当作单一的范畴来使用。

最初的略人律(律275,回溯至明代)仅提到出售妇女和女孩(以及男子和男孩)为奴。但有清一代添加了几条例提到该问题的

---

① 然而一位19世纪早期的法官说:"略诱和诱之心情同贼盗,故列入贼盗门中。"(《刑案汇览》,3:1393)

其他方面。结果,最初只有狭窄用途的律变成一个涵盖了各类买卖妇女的行为:不仅包括被亲属买卖,也包括被外人买卖;不仅只是被卖为奴,也包括被卖为娼或与别人作妻妾;不仅只是被迫或受骗,也包括被引诱。

事实上,此律的范围变得宽泛到足够与律 367 的"买休卖休"规定重叠,该规定严格说来只与丈夫的行为有关。而例 275-12 提到将妇女或女孩转卖他人为奴或为妻妾。它甚至宽泛到在很大程度上可与"和奸"重叠,"和奸"严格说是由律 366 和律 367 涵盖的。例如,它提到"奸夫诱拐奸妇",也提到知情的丈夫鼓励或允许自己的老婆犯奸,以与那些无意这样做("非有心纵容者")或强迫自己老婆这样做("抑勒")的人相对。涉及律 275 的"略诱"案件以总数 18 起之多成为我掌握的案例中最大的单类。

表 9.1 的下一项也要归并在买卖妇女范畴下,因为在清代的农民社会里,一旦一个妇女的丈夫死了,她极易受到其夫家的侵犯,如果她无嗣或年轻而有姿色(因而也能在妇女市场上卖个好价钱)就更是如此。如果一个妇女无依无助无法回到娘家,她会遭受要她改嫁的巨大压力——为了她可能带来的彩礼。更糟的是被卖为妾或为娼。我们掌握的 14 起寡妇案件中有 8 起涉及妇女再婚的纠纷,有的冲突产生于她与为得利而要出卖她的人之间,有的产生于几个要出卖她的不同的人之间,有一起涉及把寡妇卖与妓院。

清代法典偏护敢于抗拒这些压力的寡妇,赞扬她们"守志",并规定夫家或娘家违背她的意愿强迫其改嫁("逼孀妇改嫁")为不合法行为(将被杖八十)。这一条款(在例 105-1"居丧嫁娶"中)追循主干律的道理,该律规定曾为公公婆婆守孝的媳妇有权留在该家。

借褒扬贞妇,法律为那些敢坚持守节的妇女提供了选择的余地。

被出售当童养媳养的小孩就没有这么侥幸了。法典本身从来没有正式承认这一习俗的存在,但在有清一代刑部承认并容忍了它,因而使其具有些许的合法性。用道光二年(1822年)刑部处理一件案子时的话说,"民间于未成婚之先,将女送至夫家,名曰童养,自系女家衣食缺乏,不能养赡,不得已为此权宜计,所以法令不禁,听从民便"(转引自陈平,1990:767)。但在这起案子中,执法者清楚表明他们把童养媳契约等同于订婚,而不是结婚,将这个女孩与其未婚夫之间的性行为等同于尚未过门的配偶之间的性行为(《刑案汇览》,2:634;亦见《大清律例》比引律条第四条,收入薛允升,1970,5:1311)。

在允许人们把年幼的女儿卖作童养媳时,刑部所持的态度和对待被迫把自己妻子卖与他人为妻妾的穷人的态度一致。一方面,它承认广泛存在的社会现实;另一方面,以同情处于困境中的穷人作为解释理由。认为法律应该同情那些为生存所迫而出售其妻女的人,不应惩罚他们。这样的解释,与法律自我表达为一个仁慈对待穷人的工具是一致的。

第二大组案件属于清代司法者所称的"犯奸"范畴,包括"背夫在逃"的类别。两条主要的律是律116"出妻"和律336"犯奸"。

在清代社会,一个不幸的或受虐待的妻子除了从家里"逃走"几乎别无他法。下面将看到,起诉离婚不是一个真正可行的选择。因此,在那种情况下,要么是对现状忍气吞声,要么是违反法律。在律116下,一个犯了"背夫在逃"罪的女人会受到打一百板的惩处。在法律眼中,在逃的妇女有被出卖她的人"和诱"的可能,在那种情况下,适用的律是处理略诱的律,即律275,特别是例2、13和14。如果接受引诱并与情夫私奔,她可能受到以下三条法律中任何一条的制裁:前面提到的例275-15,对和诱的惩罚;律366,对和略的惩罚;或律367,对和奸的惩罚。

"背夫在逃"一词本身就清楚地说明了法律的立场。妻子是应该与她的丈夫留在一起的。从他身边逃开就是背弃,是犯罪。这是清代婚姻概念的一个组成部分,妇女被认为是父系家庭的获得物。相反,丈夫离开妻子从来不会被认为是在遗弃老婆。如果他离开她几年没有回家,法典的假设(例116-2)是他必定是一个正在逃避法律的罪犯("逃亡")。被这样的丈夫遗弃三年以上是妇女申诉解除婚姻的两个可以接受的理由之一(另一个理由是受到严重的伤害)。很明显,该规定在理论上只适用于那些被当局通缉且长期逃匿的罪犯的妻子。然而在实践中,有些妇女在不知其丈夫行踪并已无其音讯三年以上时,也有可能乞请法庭解除婚姻。

这些案件中的许多妻子其实不过是回了娘家。那是清代愁苦或受虐待的妻子寻求解脱的主要方法。由于法典并不限定她留在娘家多长时间,她的丈夫如果想借助法律逼她回去,唯一的办法是声称她的行为是"背夫在逃"。此类案件差不多占了14宗,达逃跑案件的一半。法律并不明确禁止这种行为,由此给妇女留了这么一点选择的余地。

在9起"和奸"诉讼中(主要由律367"犯奸"处理)的关键罪行是"和奸"和"刁奸"。① 但这里需要强调的是,清代的"和奸"概念

---

① 丈夫也可依律116指控妻子,其中"淫佚"行为是法律承认的休妻的七种理由之一。但"和奸"与"刁奸"是主要的法律范畴。

与我们理解的"通奸"一词有着根本差别,后者带有双方相互平等的自主的内涵。把这两者混淆将是对清代法律条文的严重误解,实际上也是对清代法典关于妇女意愿的整体概念结构的误解。

清代的构造

把《大清律例》与国民党《民法典》《刑法典》相比较,突出的并不是法律范畴本身,而是清代法律用于妇女的那一套派生构造,因为它们多被国民党法律沿用,它们才是被国民党法律抛弃的。那些构造围绕"和"这个字的使用,与上面讨论过的所有范畴都有关联。

在涉及妇女时,"和"意指同意。和略,即同意被拐;和卖,即同意被卖;和诱,即同意被引诱;和奸,即同意犯奸。用到男人身上,它字面上的意思是指男人在女人的同意下做什么事。和略,即在其同意下略卖妇女;和卖,即在其同意下把妇女卖掉;等等。注意这一用法有性别特性。男人略、卖、诱、奸,没有"和","和"的是妇女。

这些派生的"和"范畴所揭示的,是清代法律对妇女的抉择和意愿的理解方式。在所有这些范畴中,男人被假定是积极的自主体,女人的抉择只在同意或拒绝间进行。首先让我们通过清代对妇女在婚姻中的地位的概念来说明这一点。在选择伴侣上她没有发言权(在这一点上,未来的新郎也没有发言权)。法典的言辞再直白不过了。律 101 规定缔结一份婚书,或一介"私约",如果没有书面文件的话——必须建立在"两家……各从所愿"的基础之上,

177

下一条律接着规定要由作为家长的"祖父母或父母"来"主婚"。

婚姻作为两个父系家庭间合约的概念扩大到结婚的资格。这样,个人不能与任何父系亲戚(即男方亲戚,或男性血统的亲戚)结婚。事实上,根据律107,一个人甚至不能与任何同姓结婚,其假设是这两个家庭可能源自同一父系。①

在父系原则下,结婚的妇女被视为离开一个父系家庭进入另一个父系家庭。这样,她守孝的义务就随婚姻变得以夫家为重点,为公公婆婆要守孝三年,相比之下她只要为自己的父母守孝一年(吴檀,1882:178—179)。类似地,她受赡养的权利也因婚姻转到她的夫家。另外,作为寡妇,如果再婚,她即像放弃了代表其未成年儿子的监护权一样,放弃对第一个丈夫家的财产要求。她的嫁妆甚至也只有在她不改嫁的情况下才能保留为她的财产,一个改嫁的寡妇将丧失对其结婚时带来的嫁妆的所有权利(律78-2)。

在家庭内,妻子完全从属于丈夫。除了其他方面,该性别等级也在清代法律处理离婚的方式上反映出来。丈夫可以多种理由"出"妻或"休"妻,这些理由包括:无子、淫佚、不事舅姑、多言、盗窃、妒忌和恶疾。妻子从法律上防止这所谓"七出"的方法只有"三不去",不去之一源自为公公婆婆守孝三年之后在夫家成为完全成

---

① 虽然律108禁止堂表兄妹结婚,但随着时间推移限制渐渐放宽。早在洪武十七年(1384)表兄妹不能结婚的禁令就已废除。之后(1725年)加了一条律特别说明一个男子的后代及其姐妹的后代之间结婚"听从民便"(律108-1及薛允升评论),但堂兄妹则不同。这里我们可以推测,法律在某种程度上考虑到那些可能生活在一个屋子里的人之间维持家庭和睦的实际问题。因为女儿通常都要嫁出去,一般人不会与姑表姐妹生活在一起,因此对这些亲属间的结婚限制放宽。最后,国民党民法典明确指出允许与表亲结婚(第983条)。

员的权利,不去之二、之三源自法律人道主义的外表,它禁止男人出曾与其共过患难("前贫贱后富贵")的糟糠之妻、或无娘家可回的妻子(律116)。①

对做妻子的来说,她不可能真地把她的丈夫"离"掉。正如我们在前面所见,她只能以有限的理由要求法庭解除其婚姻。这些理由包括:如果她的丈夫遗弃她很长时间、重伤她(如达到齿折、骨断的程度)、强迫她犯奸,或企图把她售与他人(见白凯,1994:189)。但她绝不可能以她丈夫那样的方式自己终止婚姻。清代法典实际上无只言片语表达过妇女有主动离婚的权利的概念,最接近的词是"离异",但那是由县令而不是由妇女做主的事(如律101、115、117等)。②

同样的逻辑适用于"和娶",是指一个男人向另一个男人"买休"他的婚姻以与他的老婆结婚。它的意思是经那妇人的"同意而娶得她"(律367),而不可能相反地指一个妇女经一个男人的同意而与他结合。所有其他涉及"和"的相似表达都是这样。因而"和奸"不可能意指妇女"在男人的同意下与他犯奸",而只能是男人"在女人的同意下与她犯奸",或妇女"同意男人对她犯奸"。"和略""和诱"及"和卖"也都是如此。从这一观点看,把"和奸"理解

---

① 如果一桩婚姻跨越等级界线,妇女要随丈夫的身份,这与清代法典视女人地位为从属的观点一致。法律认为她可以与地位比她高的人结婚,但不能与地位比她低的人结婚。如果婢女嫁与凡人,法律保证她得到她丈夫的较高的身份。但凡人妇女不可能下嫁奴隶并降低身份,因为法律禁止这种改变(律115)。依照同样的逻辑,把良民妇女卖作奴隶或任何其他"贱民",像"乐人"或"疍民"均属非法。
② 律116的确说到"两愿离",它在意义上更接近于我们所说的"双方同意离婚"。但在司法话语中的主要表达是"和离",它的含义决定于施用于谁:用于丈夫则是在她的同意下与她离婚,用于妻子则是同意被丈夫离掉。

成"经双方同意的非法性行为",将它归因于双方平等的抉择,乃是对清律的误解。这违反清代法典有关妇女意愿的整个概念结构。

正是基于这一原因,在事涉清代法律时,如果我们用现代术语"离婚"或"通奸",需把它们放在引号中。那些术语(至少在它们的当代英语用法中)立刻暗示由男女决定的相互平等的自主。这样女人可能离掉男人,反之亦然。广而言之,妇女可能诱或略男人,男人反过来也是如此。但在清代法律中不是这样。

略、卖、诱、奸等行为在清代法律中均被视为男人对女人的行为。对《大清律例》来说,男人是所有这些犯罪行为中的主动者,而妇女是被动者——尽管不是无意志的。法律假设男"为首"、女"为从"。女人有抉择的范围,但那是局限在我们也许可以称作"消极的自主"的范围内,她只可以抵抗或者屈服。法律制定了相应的惩罚。如果一个男子强奸了一个女子,他将被绞死。如果他刁奸她,他将被杖一百。如果他和奸她,若她已婚,他将被杖九十;若她未婚(除非受害人是12岁以下的小女孩,在那种情况下罪名将是强奸,处绞刑),他将被杖八十。对妇女而言,如果被强奸,她将不受惩罚。否则的话,她将因同意此性行为而与男人一起受到惩处(律366)。

换句话说,清代法典在地位和意志上都把妇女看成男人的附庸,它把妇女看作消极的抉择实体。作为妇女,对遭强奸可以做出说"不"的抉择;作为妻子,对被卖可以做出说"不"的抉择;作为寡妇,对被迫再婚可以做出说"不"的抉择。因此不应视作完全不能抉择。而这些抉择,无论多么有限,都是法律既保护又惩处的抉择。

司法实践与社会惯习中的变异概念

前面我们提到过有关"和奸"的另一个用词——"通奸",其含义是男女共同犯奸。它在法庭案件记录中频繁出现,但法典中却只在律 367 中出现过一次:"纵容妻妾与人通奸。""通"字暗示的主体是男女双方,因此"通奸"一词比"和奸"赋予妇女更高程度的积极抉择。用于涉及婚外性关系的妇女(亦即与情夫通奸的妇女),其意义非常接近于英文的 adultery。"通奸(姦)"一词在后来的国民党法典中即等同于 adultery。

归结起来,无论法典条款如何规定,甚至连清代最高司法当局也不能忽视在实际生活中妇女主动参与婚外奸情的事实。一个特别有说服力的例子是一件 1816 年呈于刑部福建司的案子。案中寡妇丁黄氏有一段时间曾与王笃来有染。后来,当奸情泄露时,丁黄氏后悔了,她试图终止这段私情。在这起不正当关系中丁黄氏的积极自主不容怀疑,所以刑部福建司在弄清事实后,在对此案的说帖中选用"通奸"一词来叙述她的行为(《刑案汇览》,7:3275)。如果案件情节清楚显示妇女与男人一样积极参与犯奸行为,那么刑部官员常常选用"通奸"一词(《刑案汇览》,7:3263,3273,3275)。

但刑部的司法者没有明确地把丁黄氏的行为与"和奸"区别开。他们在说帖中实际上是将"和奸"与"通奸"交互使用的,在一段中说丁黄氏与王"通奸",在另一段中又说她是与他"和奸"。另外,在一件他们二十几年前(1788 年)曾考虑过的案子中,他们叙述方王氏与一个叫汪地的人"通奸",但他们是依"和奸"例判决此案

181

的(《刑案汇览》,7:3273)。

然而刑部福建司判决丁黄氏使用的是新例366-1,此例于1725年添加,题为"军民相奸"。这样就把事情弄得更复杂。正如苏成捷所指出的,1725年的这个新条文一旦被使用,中央级的司法者将越来越多地在(苏成捷称之为)普通人中的"双方同意的非法性行为"的案件里采用它,尽管此例标题是"军民相奸"。该例所涉及的惩罚要比"和奸"例下的惩罚重:它要求杖一百外加枷一月,而不是对未婚妇女杖八十、已婚妇女杖九十(苏成捷,2000:25,326—327)。那正是丁黄氏对其"罪"所付出的代价,另一位刘萧氏也是这样(《刑案汇览》,7:3275)。

随着对该例的采用,有关"和奸"的另一个词"相奸"开始起作用。该词的含义是男女互相对彼此进行犯奸行为。像通奸一样,相奸的主体是双方,并且是明确如此。因而,妇女在相奸中传达或承认了比在原来的主要司法概念"和奸"中更积极的作用。我们可以推测司法者们在探索新的术语去适应呈到他们面前的案子中的事实,但他们从来没有做到清楚说明或承认妇女是犯奸中的积极主体的司法准则的地步。他们转向用看起来无关的、针对士兵和平民的例来判决这些案件的事实,表明他们找不到任何其他方法来克服法律话语结构中存在的限制。

但在处理被卖的妇女案件时,司法者们没有感觉到这种限制。他们在司法概念上走得比处理犯奸妇女远得多。前面提到,到了19世纪早期,清代法庭开始采取这样的态度:被迫自卖其身以图活命的穷人应予同情对待并免予惩处。该同情态度转过来又让同时代的法官明确承认妇女有时可选择被卖掉。这样,刑部在1828年

就一起涉及卖掉妇女李三妞(随后自杀)的案件所做的冗长辩论中,该部律例馆写道:

> 若父母亲属价卖子女卑幼,出于两相情愿,必实因生计维艰,万不得已,其情可悯。则于法,当原律内止分略卖和卖两层,其不言两相情愿者明其不与和诱同科也。律内所称和卖本承上文诱取之语而言,是以诱卖期亲卑幼,拟徒例。内特将诱字指出,可见出于卑幼情愿,并非尊长诱取者,即不在照律科罪之列(《刑案汇览》,3:1391—1392)。

在总结中律例馆接着说:

> 若父母尊长则有诱与不诱之分。如为图利起见,或略或和,同哄诱其子孙亲属而卖之,是骨肉自残,故绳之以法。如赤贫之民饥寒待毙,困于计无复出,于是鬻卖以各全其生,此等情形岂能目之以诱?既不为诱,则不当治以诱卖之罪矣(《刑案汇览》,3:1395)。

简言之,当贫困的妇女情愿被卖以图活命时,无论是她们还是她们的父母都不会受到惩处。

当妻子出于生存原因而情愿被丈夫卖掉时,法庭基本上采取同样的立场。在一起河南的案件(1818年)中,扈氏被其丈夫王黑狗卖给李存敬为妻。法庭考虑到具体的情况,没有像法典"买休卖休"例要求的那样判新婚姻无效及让扈氏回到王家,而是判她与李

183

的婚姻成立。法庭解释说,如果扈氏回到她原来的丈夫身边,她只会被再卖掉,"势又失节"(《刑案汇览》,7:3287;亦见苏成捷,1994:389)。

在对李三妞案件的评论中,法官们表现出他们实际上依照一种三层的妇女自主观进行思考并予以运用:被略卖、受诱被卖以及情愿被卖,亦即略卖、和卖或和诱与情愿。如果就犯奸也清楚地形成了一个平行的三层观,则应会是这样:强奸、刁奸或和奸、通奸或相奸。但究竟有没有必要把法律推得这么远?一旦认为因计无所出而情愿被卖的妇女无罪,法官们就觉得有必要清楚、准确地区别和诱(一种可处罚的犯罪)与情愿。针对犯奸妇女,他们从来没有这种态度。只要不是明显的强奸,不管情况如何,那些妇女多多少少肯定有过错。因此,没有同样的必要去清楚、明确地区分"和奸"(妇女同意让他人对她犯奸)与"通奸"或"相奸"(妇女自己主动情愿与人犯奸)。

另外,法官的价值观可能还不能让他们相信或至少公开说一个"良民"妇女真会主动情愿与他人犯奸。这样做的话势必与清代统治意识形态的一个基本因子,即坚持"良民"确实具有好的道德相悖。或许正是那种理想化的限制,迫使他们依不相关的1725年("军民相奸")例去裁决那些妇女明显采取主动的犯奸案件。但下面将会看到,坚持"良民"妇女的理想化也会同时含蓄地怀疑她可能与法律的期望不符。

第九章　清代法律下妇女在婚姻奸情中的抉择

妇女作为受害者

有些妇女在一定程度上具有比清代法典的设想积极得多的自主性,这是我们必须正视的事实。但在我看来,案件记录中包含的主要故事里的妇女才是实际的受害者。直截了当地说,妇女被广泛地当作货物处理,为她们所可能获得的代价被买被卖。下面将会看到,闹到宝坻和巴县法庭的所有与婚姻有关的案件中几乎有一半牵涉此类交易。

对许多妇女来说,不幸的是晚清法庭通常容忍这种买卖。我们有两则宝坻的案例,其中法官把这些交易视作不过是另一种契卖。在1865年的一则案例中,穷困潦倒的张庆泰以90吊现钱把自己的老婆卖与耿德旺为妻,有媒人,也有书面契约。但张似乎并没有得到全部的钱,于是打官司要剩下的钱,他谎称耿趁他不在时霸占其妻。法庭把这起事件当作合法出售处理,尽管法令禁止买卖妇女为妻妾,法庭判令耿支付余下的10吊钱,并令两个男人都具结接受判决(宝坻,169,1865.5[婚-12])。

在第二则案例中(1850年),穷困潦倒的张国起曾外出做佣工。在离开之前,他把老婆凭书面契约卖给侄儿张汉为妻。当回来后发现张汉待孩子们不好时,他起诉张汉和他的父亲张六,说是他们在他不在时强霸其妻。在庭审中实际情况显示出来,但法官并不关心两种明显的犯罪:出卖老婆给他人为妻,以及侄儿与亲婶结婚违反法律禁止乱伦的规定(违反了辈分等级应更严重)。相反,他没有取缔此项交易而让纠纷在庭外和解(宝坻,164,1850.9.25[婚-

185

19]）。

其他被售入妓院的妇女命运更加悲惨。这一类的 8 则案例中提 2 则就够了。1821 年,巴县的周学儒娶李长姑为妻,随后强迫她卖娼。当长姑的母亲控诉时,周威胁把长姑带走并干脆把她卖掉当妓女。亏得长姑命好,有一位意志坚强的母亲状告周"逼妻为娼",并让法庭判定女儿归她(巴县,6.3:8628,1821.4.16[婚-20])。另一则 1784 年的案例无疑比较常见。案中申伯西纳赵腾佑的孀姑母为妾并强迫她卖淫。赵起诉,但申声称赵的指控没有事实基础,他只是误将申的亲戚当作顾客,因而得免。记录到此为止(巴县,6.1:1764,1784.8.18[婚-761])。

年轻的女孩最容易被卖掉。在童养媳协议中,未来的新郎新娘自孩提时代一起长大,他们有的相处不好或互相没有性的吸引,男方家庭可能决定中止该婚姻。当这种情况发生时,男方家庭会想把女孩卖掉以补偿其支出。在一宗 1788 年的巴县案子中,因是被从其未来的丈夫家略走,童养媳女孩徐二姑是双重的受害者。徐还是小孩时就与瞿荣的儿子订了婚,她后来被找到并被送回瞿家,但当时他们认为她已受污而不再要她。她未来的公公想把她卖掉,但先去法庭征得法律上的认可,说是现在她不可能做个正经的妻子了(巴县,6.1:1781,1788.5.15[婚-82])。在来自巴县和宝坻的所有 7 宗童养媳案件中,女孩或妇女是不同方式的受害者——受订婚家庭的虐待、被略卖、被再卖给他人为妻或被逼为娼。

在 18 世纪的巴县,贩卖妇女似乎特别普遍。我们有衙门官员逮捕涉嫌贩卖妇女的男子的多起案例。一份 1783 年的记录表明逮

第九章　清代法律下妇女在婚姻奸情中的抉择

捕、审判四名涉嫌"人贩",详细记载每人以多少钱卖了多少妇女(巴县,6.1:1751,1873.3.1[婚-68])。另一起案子说的是逮捕一个叫向洪的人,他涉嫌略卖与他在一起的两个女孩。法庭调查弄清楚还有两名男子参与。两个无人认领的女孩由衙门收留并出售,一个以6000文卖给别人为妻,一个被抱养为义女(巴县,6.1:1768,1786.2.6[婚-11])。然而在另外两起案件中,衙门并没有惩罚罪犯。其中一起(1779年),能够(在其母的共谋下)"证明"一个叫王希贤的监生被发现他打算收与他在一起的两个女孩之一为妾,另一个要当他母亲的婢女。但他仅受到轻微的警告(试图买休)即得以开脱(巴县6.1:1731,1779.11.19[婚-1])。

这里的重点是清代存在非常普遍的对妇女的侵犯。但我们仍须记住,由于特殊的坚强性格或个性,有些妇女即使面对受害也能够保持一定的自主。我掌握的县级案例中就包含这么一个例子。巴县城关镇的寡妇冯氏曾被一个叫关钟生的福建人买做妻子,她和她的母亲所定价格为白银16两。但当她的新丈夫要把她带回福建时,冯氏不干,除非再付她20两银子。两人的争端一发不可收拾,冯氏据说还手持菜刀撒泼。当关钟生刚把她制服并捆起来时,邻居们涌进来帮她抵抗外来人并将他扭送到县衙门。同时,冯的母亲冯陈氏填状子告他想把她的女儿带出县卖掉。县令裁决关钟生在理,因他已与冯合法结婚且无意卖掉她。但为了安抚上了年纪的母亲,法庭要再给她5两银子。最后,两位妇人虽然输了官司,却仍能从关钟生那儿勒上一笔以作为向他的意志屈服的回报(巴县6.24131,1797.8.12[婚-13])。

其他能掌握自己命运的妇女能更成功地从法律上寻求到保

187

护。例如,在一宗巴县案件中(1853年),刘氏的丈夫任扬毓违背她的意志,将其以6000文的价格卖给一个姓王的人为妻。刘氏通过控告她的丈夫违反卖休禁令使交易作废,并让她自己的父亲赔偿王。法庭判令她与任和王的婚姻都予解除(巴县,6.4:5048,1853.7[婚-35])。

在另一宗巴县案件(1788年)中,一位生病的丈夫李德盛觉得无力养活他挚爱的妻子胡氏,把她立契卖与张顺为妻。然而胡氏似乎是出于她对李的感情,请求废除契约,理由是不管贫困,她愿继续与李一起生活,她还说她愿守贞。这一表达在法庭内外都具有道德威力。案件最后由中人调解,中人安排她维持与李的婚姻并要张顺情愿撤婚。法庭乐于成人之美(巴县,6.1:1786,1788.1.25[婚-42])。

在1845年宝坻的一宗案件中,我们看到另一位妇女(一个寡妇)成功地求助于国家支持的贞节思想。这次是另一个胡氏,她被其亡夫之兄张模控告。他告她通奸,证据是她怀了一个女儿,他想把她逐出家门,并且不承认她对任何财产或供养的权利。但胡氏能利用她并未再婚因而"守贞"的事实。她坚持没有与人通奸,也不知道怎么怀上了一个女婴,且不管怎么说那孩子在出生时即夭折了。最后,此案件也由社区中人调停,他们把她亡夫的财产平分六份,他的五个儿子(两个儿子系前妻所生,三个儿子由胡氏所生)每人一份,一份留作胡氏养老之用。法庭再次没有异议(宝坻,162:1845.3[婚-81];亦见黄宗智,1998:102;苏成捷,1996:114—116)。

妇女能利用法律的另一种途径前面已提到过,即"暂时"离开她们的丈夫或姻亲回到娘家。虽然我们所见的巴县记录中没有任何此类案例,宝坻记录中却含有7例,在总数为33起的与婚姻有关的案件中,这是一个大数目。该比例提示这可能是一种相当普遍的现象。

考虑一下如下两起案例。在一起1825年的案子中,因备受婆婆周氏虐待,田氏经常回到娘家叔叔家长住。有一次,周挥舞菜刀到田的叔叔家去找媳妇,田的叔叔告了她一状(宝坻,182,1825.2.19[婚-18])。在另一起案子中(1814年),刘张氏经常回娘家。她的丈夫告状,理由是他和他的兄弟现已分家,他需要她留在家中。她的丈夫随后和丈人张七打了起来(宝坻,170,1814.6[婚-16])。在这两起案例中,法庭都没有做出明确的判决,因为法律并不禁止妻子回娘家,而是把事情留给中人去解决。在第一起案件中,虽然调解结果要求田氏回到夫家,但我们可以猜测,任何经调解解决的案件都有谈判、妥协的余地,这不是丈夫的完全的胜利。在第二起案件中,中人根本没提到逃跑的问题,只处理其中的斗殴。第三起宝坻的案子(1837年)证明法律如何典型地倾向丈夫一方,但同时也表明一个受虐待的妻子如何能够向她的丈夫及姻亲施加一点压力。陈李氏是一个刚满16岁的瘦小姑娘,她回到娘家哭诉遭到丈夫陈六及婆母虐待,他们要她干重活,在她干不了时就打她骂她。她的公公向法庭控告她要她回去,说是一个"土匪"把她勾引走了。法庭在了解事实真相之后要陈李氏回到夫家,并具结其听她婆婆和丈夫的话。这与法律的官方意识形态一致。但与此同时,法庭也判令年轻丈夫及他的父亲具结保证不再虐待她。这可能在未来会有一点约束作用(宝坻,166:1837.5.22[婚-3])。

在这些案件中,妇女所表现出来的积极自主确实远不如后来的国民党法律设想的那样。妇女不能从地位平等出发,通过坚持她们的权利来寻求改善与丈夫的关系,更不能要求离婚。她们所能做的确实只有消极的自主:对被卖或被改嫁说"不",暂缓和逃离她们所处的困境。从上述案件中能清楚地看到清代法律允许存在并保护这些法律空间。

消极自主的负担

妇女们为她们在清代法典下得到的保护付出了高昂的代价。法律虽然保护她们说"不"的权利,但当她们不说"不"时它会治她们的罪。如在一起1826年的陕西案件中,郭袁氏曾与其情人王泳娃私奔,刑部考虑到她后来后悔自己的行为并自首而量刑稍轻。她未被认为犯有罪行更严重的和诱罪,但仍被裁定犯了和奸罪,被判杖九十(律366)。至于王泳娃,他犯有和诱、和奸双重罪行,并被以更严厉的和诱罪论处:杖九十加两年半徒刑(《刑案汇览》,3:1383)。在一起1810年的安徽案件中刑部完全免掉金吴氏的罪行,她被大伯金才欺骗外出,金才图谋将她卖给别人做老婆。在路上她窥得此行的真正目的(表面上的目的在原案件记录中没有提到)并逃走。刑部裁决金吴氏未犯任何罪并送归其丈夫,因为她系不知情被略诱(《刑案汇览》,3:1397)。

但假使金吴氏知情且同意的话,她将会被判有罪并受处罚。1820年直隶的杨刘氏允许她的叔叔刘五通过一桩非法婚姻把她卖掉。法庭判她和卖罪。她叔叔则受到(此类犯罪中)最严厉的惩罚:杖九十加两年半徒刑;杨刘氏自己受低一级处罚:杖八十加两年徒刑(《刑案汇览》,3:1389)。在刑部看来,杨刘氏所做虽只是有限的选择,但已足够让她接受严厉的惩处。

不过,虽然杨刘氏毫无疑问是同意被卖的,但她受的处罚仍然比她叔叔要轻,因为法律认为作为女人她不能完全随意决定自己的行为。除了其他方面,法律的这一态度在现实中意味着丈夫是一股可用来对付老婆的很强的力量。(如果)她打算违反法律从他身边逃走的话,他不仅可以动用法律的严惩来对付她,也可以用来对付第三者。另外,一般地方县令会在决定是否及如何处罚其老婆的问题上赋予丈夫很大的灵活性。如 1853 年在巴县,庞双泰的妻子因受不了与其丈夫的贫困生活而同一个叫谢二的邻居私奔。她丈夫后来找到她并把她及其情人扭送衙门。庞看来仍要她做自己的老婆,县官如其所请让她回到他身边,没有按法典规定的和诱罪惩罚她(巴县,6.4:5046,1853.8.8[婚-34])。也许是由于县官对庞夫人的宽大,她的情夫也只受到一顿训斥而开脱。另一个逃妻李氏的丈夫却没有这么仁慈,因他不想再要她,巴县衙门在官媒的帮助下把她卖与别人为妻,并将 7000 文彩礼返还给她的婆婆(巴县,6.1:1778,1788.37[婚-119])。丈夫们这样的选择空间只能增强他们对妻子的权威。①

在犯奸行为中法律系统对妇女的要求最为严格。对略诱案件,妇女被强迫或欺骗与情愿之间的界限比较容易划分,因为在路

---

① 但在两件我搜集的巴县案件中妇女看起来成功逃脱:王袁氏 1779 年拿了家里的珠宝和钱与魏正朝私奔,以及 1781 年刘魁先的一个妾趁他不在时从他家中逃走(巴县,6.1:1723,1779.1.9[婚-52];6.1:1739,1781.7.19[婚-60])。

途中很可能会有人见证。然而在犯奸案件中,强奸与和奸之间的界限就难分得多。也许是基于这个原因,被害妇女的处境是被要求证明其贞操,否则即被怀疑为和同。我们已经看到,她们被法律理想化为守贞的"良民",她们不可能出于自愿犯奸,而迫使她们这样做的丈夫要受到惩罚(律367)。在同样的律中另一方面是怀疑她们可能达不到(法律)为她们制定的高标准。

如在1827年山东的一起案件中,王廷桂企图强奸鞠王氏,他的同伙贾站在屋外望风。鞠王氏极力反抗,在王制服鞠之前,有人打屋外走过,贾发出信号然后逃之夭夭。王也企图逃走,但鞠抓住他的衣服不放。王想挣脱,遂用刀刺伤鞠王氏左手及后肋并逃离现场。这是一起企图强奸案似乎没有疑问。但王的弟弟廷梅向县衙门指控鞠王氏婚前的操守有问题,他指名其邻居贾陈氏为证人。根据《大清律例》的规定,如果廷梅能成功玷污鞠王氏的名誉,则其兄廷桂就不会被处以与企图强奸"贞妇"相同的严厉惩罚。这是他的如意算盘。

在王廷桂案件开始听审之前,鞠王氏的胞伯去世,她想回娘家送葬但其夫不允,对她还未在法庭上还其清白之前要离家十分生气。她受挫之后一怒之下跑到贾家,就在大门里边割喉自尽。自杀之前,鞠王氏说她后悔没有以死抵抗强奸犯。县衙门后来的调查表明王廷梅的指控纯属子虚乌有,连他指名的证人也予以否认。但判决太迟,已不能改变悲惨结局(《刑案汇览》,7:3277—3279)。

此案例很好地表明了清代法律和社会加在妇女身上的负担。苏成捷已经指出,明清法庭对证明强奸案制定了很高的标准:妇女要有受到暴力侵犯的证据,诸如受伤或扯破衣服,以及最好还有一个证人(苏成捷,1994:79—81;亦见苏成捷,2000;Ng,1987)。在本起案件中,鞠王氏当然有伤痕表明她努力反抗,并捉住企图强奸她的人。但她仍然容易受到怀疑她是和同的。她过去的生活能由捏控而受到质疑,只能是增加了压在像她这样的受害者身上的负担。她最后的行为本身是反对她受陷其中的体系的最强有力的证明,她只有以死抵抗才能洗清犯和同的嫌疑。

再有一个例证。1825年,直隶的王何氏被一个叫王随馨的男子杀死。根据王的说法,他在前一天曾与王何氏调情并商定次日晚幽会。但当他与她一起进入她的卧室时,她的小叔子听到声响并来到她的房里,于是他用刀戳伤她小叔子的左腮及胸膛。他说王何氏以为他杀了她的小叔子并担心自己被牵扯进谋杀中,于是抓住他的衣服大喊大叫并死命拖住他。由于无法脱身,王乃猛刺她几刀,她仍揪住他不放,他又刺了她三刀。他在供词中说最后王何氏想用头撞他,他才刺中她的胸腔把她杀了。

直隶总督完全相信了王的说法,亦即两人有事先定好的约会,他杀死她只是想从她身边逃走,结果是王被判比妄图强奸和谋杀要轻的罪。然而刑部有关部门在复审案件时断定该案情节相当可疑。一个像王何氏这样的弱女子如何能够在经受一次又一次刺、扎之后仍紧紧抓住行凶人王随馨?会不会是王随馨想到他已杀了她小叔子而要把王何氏(唯一的证人)杀掉灭口?而且如果他与她幽会是真的有约在先,那他带刀干什么?鉴于这些理由,有关部门建议把案子送回总督那里予以澄清。

虽然刑部的评论只是局限在提出问题上,但很清楚,至少从案情表面上看:这极有可能是一起图谋强奸案,而不是事先约好的幽

193

会;是一起故意杀人案,而不是过失杀人案。但总督维持原判,他坚持没有发现新的证据,案子遂依原报告和判决结案(《刑案汇览》,7:3279—3281)。最后尽管王何氏死在与王随馨的搏斗中,但她的操守永远受到怀疑。

简言之,清代法律认为妇女只具有极其有限的自主意志,这与其认为妇女在地位上从属于男人的观点一致。她们被认为在同意与反抗侵犯间只能做出我所称的消极自主的选择。针对妇女的该观点,导致立法保护她们进行这种选择的"权利",尤其是面对被丈夫强迫卖与他人为妻及被姻亲改嫁他人时。这是本故事的一个方面。与此同时,这一观点也导致怀疑妇女容易被引诱同意各种侵犯。因此,如果未能进行强有力的抵抗,保护她们有限自主意志的同一法律也将严厉惩罚她们。用到和诱上,法律会对那些没有抗拒的妇女施加严厉的惩罚。用到强奸上,同样的逻辑要求妇女证明她们的贞节,否则会被怀疑是和同。这是故事的另一面。换句话说,妇女在清代既受法律视她们仅仅具有从属意愿的观点的保护,又承受其负担。

第十章　国民党法律下妇女在婚姻、离婚和通奸中的选择

国民党法律视妇女为独立的、积极的自主体的观点，在成文法中意味着什么？它又是如何影响法院行为的？本章首先讨论国民党法律在婚姻、离婚及通奸上的一般原则与特殊条款。讨论不仅涵盖1929—1930年的《民法典》，也涵盖1928年的《刑法典》和1935年修订过的《刑法典》。然后通过司法院的解释和最高法院与地方法院的案例来考察那些法律如何付诸实施。

国民党法律下妇女的自主

与清代法律相反，国民党法律摒弃等级关系，主张在法律面前人人平等。作为一个"自然人"，女人拥有与男人一样的权利和义务（第一编"总则"，第二章"人"），包括自己选择伴侣。除非对方

未成年,否则不再需要父母亲的同意(第 981 条)。另外,婚约应由"男女当事人自行订定",而不是像以前一样由双方家庭订定(第 972 条)。这些权利也意味着女儿可以像儿子一样作为"直系血亲"继承土地和其他财产(第 1138 条),而且她继承的财产及结婚时的嫁妆不管在何种情况下(如孀居改嫁)都一直是她的(第 1058、1138 条)。此外,妻子不再被迫维系受侵犯的关系,像丈夫一样,她也可以借通奸、虐待、"恶意"遗弃和"不治之恶疾"等理由"向法院请求离婚"(第 1052 条)。① 这些规定的基础是这样的概念,即所有社会关系本质上都是平等各方之间的自愿合约。经济关系即被如此理解为伴随着合同的权利与义务,社会关系也是被这样理解。婚约是两个平等个人之间的契约,例如两个人可以在其中选择他们喜欢的夫妻财产制,不管是"共同财产制""统一财产制",还是"分别财产制"(第 1004 条)。视女子为独立的签约单位最恰当地表达了国民党立法者对妇女是独立自主体的设想。

卖妇女与寡妇改嫁

正如人们可以预料的那样,国民党法律和清代法律一样规定严格惩罚任何违背妇女意愿将其售与他人为妻或为娼者。对此制定的惩罚是严格的,如在 1928 年《刑法典》第 315 条中载明的那样:"意图使妇女与自己或他人结婚而略诱之者,处一年以上七年以下有期徒刑",以及"意图营利或意图使妇女为猥亵之行为或奸

---

① 像前面注明的那样,十种条件中的第四种——"妻对于夫之直系尊亲属为虐待,或受夫之直系尊亲属之虐待致不堪为共同生活者",仅只适用于妻子,应该是因为大多数婚姻被假定是女方婚后居住在男方家。

淫而略诱之者,处三年以上十年以下有期徒刑得并科一千元以下罚金"。重要的是,虽然在此条中采用了清代的语词"略诱",但其罪行现在定为"妨害自由罪",不是清代归类为"贼盗"的行为。这一安排与立法的权利构想一致,略诱是一种犯罪是因为它侵犯了一个人的自由权利,不是因为它偷或盗了一件东西。

在买卖妇女上国民党法律概念的大变化,在于它完全摒弃了清代把妇女视作一个很可能是自己同意受侵犯的主体的那种观点。对成年妇女,它没有使用任何"和"之类的语词,"和诱"一词只用于未成年女孩。1928年法典第257条这样规定:"和诱、略诱未满二十岁之男女脱离享有亲权之人、监护人或保佐人者,处六月以上五年以下有期徒刑。"作为独立的自主体,一个已成年的女子不可能是勾引的受害者,只可能是暴力略诱的受害者。一个成熟女子出于自愿同意被卖给他人做妻妾或为娼一般不受惩罚,买或卖者也不受惩罚。尽管就已婚妇女来说,这并不完全是她自己的选择。1928年法典规定:"有夫之妇与人通奸者,处二年以下有期徒刑,其相奸者亦同。"换句话说,已婚妇女允许自己被卖给别人做老婆或为娼至少有被起诉为通奸的危险。但只能由做丈夫的提出指控,最高法院早在1913年就对此做了清楚的说明(傅秉常、周定宇,1964,3:660)。如果做丈夫的同意这种行为(也就是如果他"纵容"通奸)则"不得告诉"(第259条)。这就是说,如果丈夫、妻子都同意卖掉她,则都不会被惩处。这与清代法律明显相反,清代法律认为双方都有罪。

第246条陈述了另一种法律上的保留:任何人"意图营利引诱良家妇女与他人为猥亵之行为或奸淫者",将冒处三年以下徒刑并科罚金500元的危险。接下来的第247条把此条款特别用来对付丈夫:"夫对于妻,或第二百四十三条所列举之人对于其关系人犯前条之罪者……"但最高法院把法律的意图揭示得清清楚楚,它在1932年的一项决议中裁定,"如其与人通奸,系出诸自己之意思",则这两条都不适用(傅秉常、周定宇,1964,3:617)。再一次,如果女方愿意,丈夫将不会被认定有罪。

在国民党法律下,参与卖淫并不犯法,不像在清代法律下那样。如果某成年妇女想操此业,那是她的选择。男子引诱妇女卖淫也不犯法,除非他强迫她这样或她还是16岁以下的未成年人(第249条)。上引第246条有关"引诱"良家妇女参与"猥亵之行为"或"犯奸",只在违背她的意愿迫使她如此的情况下才适用。①

简言之,仅就考虑到妇女而言,国民党法律制度既缩小了法律下的可惩罚性的范围,也缩小了保护的范围。在清代,法典的"和"类犯罪包括范围广泛的行为,这些行为不属于受暴力或欺骗略诱范围。因为妇女不被视作自由的自主体,所以法律规定如果她反抗就保护她、如果她不反抗就惩罚她。相反,国民党法律把这些行为完全归为妇女自己的选择和责任,既不受法律制度惩罚也不受其保护。

国民党法律也缩小了对寡妇的保护。在《刑法典》第315条中明确禁止任何人违背妇女意愿将其"略诱"为婚。除此之外,国民党法律把事情留给妇女自己去处理。它放弃了清代法典以贞节为理由取缔违反寡妇意愿强迫她们再婚的行为,贞节不再是国家坚

---

① 国民党法律视卖淫为这样一种行为——为获利而出售性,而清代法典原来把它与贱民等级联系在一起。国民党法典中的"娼"字与等级当然没有关系。

第十章　国民党法律下妇女在婚姻、离婚和通奸中的选择

持的理想。而且因为当时寡妇被认作可以自己决定自己命运的人，没有必要去保护清代法律赋予她的那点自主。结果是给那些急于摆脱经济责任的家庭开了方便之门。但即使国民党法律在一方面取消了这种保护，另一方面它又为寡妇提供了潜在的更大的保护。因为她有权分得一份她丈夫的财产，如果她有孩子，其份额与孩子相同，否则她分一半（另一半归丈夫的父母亲或兄弟姐妹。第1144条；亦见第1138条）。在清代法典下，她的财产权仅仅是她的儿子或丈夫的财产权的衍生物，她有对未成年儿子的看护权，她有权要儿子赡养她，但她不是以她自己的权利继承其丈夫财产的人。

另外，我们已经讨论过，在清代法典下寡妇一旦再婚，她即失去其所有财产及与财产有关的权利。因为她的权利是父系家庭中男性的衍生物，一旦再婚，她在第一任丈夫家中的那些权利即终止，由在其新结婚家庭中的衍生权利代替，就连她的嫁妆也留在第一任丈夫的家里。但在国民党统治时期，作为寡妇，与儿子或女儿一样，财产权归她个人。不管她是否再婚，她拥有同样的对其已逝丈夫财产的权利。而且她的嫁妆及任何她从娘家可能继承的财产，始终都是她的。

这些扩展了的财产权利毫无疑问给寡妇提供了一些对付其夫家亲戚的权力，消除了一些要赶走她的动力（如以便占有她的嫁妆），并增加了对赶走她的限制（因为她可能把她的财产带走）。问题是，她所得到的权力是否足以超过在清代国家支持的贞节理想下她能行使的法律和道德权力？

至于童养媳，此时她们变成在法律上被认为是根本不存在的

199

人。国民党法典根本就不想承认,即使是清代法典也从来没有正式承认过的惯习。但我们看到,通过以同情穷人的名义容忍把女孩卖作童养媳的习俗,以及通过把它处理为等同于订婚,清代法庭的确在一定程度上默认该习俗的合法性。这是国民党法官断然拒绝做的事。他们严格按法律条文办事,但其结果并不总是与立法者们想象的一致。

逃妇、离婚、通奸

清代法典规定妻子逃离丈夫是该受惩罚的罪行(杖一百)。但它没有针对丈夫的同样的概念,只是假设一个下落不明的丈夫一定是逃避法律制裁的罪犯。相反,国民党法律采用新的"遗弃"概念,以与"在逃"区分开。完整表达是"以恶意遗弃",它对夫妻中的哪一方都适用。虽然不是要惩罚的罪行,但遗弃配偶已构成法律上允许离婚的足够理由(第1052—1055条)。

至于回娘家长住的妻子,丈夫从法律对待"同居"的立场上得到一点司法援助。在《民法典》下,配偶双方都有共同生活在一起的义务("夫妻互负同居之义务",第1001条)。这在理论上表达了丈夫某些扩展了的权利;在清代,他们仅能采用捏造在逃罪名的方法,因为法律不包含任何反对妇女回娘家长期居住的条款。此时丈夫们可以以妻子有同居义务为理由请求法院让妻子与他们一起住。

前面我们已经注意到,在国民党法律下,与第三者的奸情如何在字面上变得有现代意义并被冠上一个新名字——通奸。与清代法典的"和奸"只考虑妇女是同意还是抵抗一个男人对她做了什么不同,"通奸"认为双方具有同等积极的自主,并且它只适用于已婚者。新法律摒弃了清代法律视任何婚外性行为为"犯奸"的观点,未婚者之间双方情愿的性行为不属非法。在 1935 年修订本《刑法典》中立法者针对"通奸"条解释道,虽然一种观点坚持未婚成年人之间的性行为应该认定为刑事犯罪,但法律起草者们决定此类行为应由教育防止,而不应靠惩罚(傅秉常、周定宇,1964,3:628);已婚者与第三者通奸不同,依 1928 年《刑法典》的措辞,因为它犯了"妨害婚姻及家庭罪"。

再者,尽管国民党公开赞成男女平等,1928 年法典把通奸认定为只是妻子所犯的罪行(处两年以下有期徒刑。第 256 条)。但立法者肯定很快就认识到国民党的男女平等立场和法律只取缔妻子通奸的不一致,因为 1929—1930 年《民法典》则规定男女离婚权利平等,通奸是任何一方可以借以离婚的理由。1935 年《刑法典》更进一步规定:"有配偶而与人通奸者,处一年以下有期徒刑。"(第 239 条)此时通奸对丈夫和对妻子都是刑事犯罪(虽然双方所受到的处罚比以前要轻)。在当时的社会环境中,那是一个在法律上甚为激进的态度。我们有必要仔细观察它如何付诸实施。

像"通奸"一样,我们现在可以把"离婚"等同于英语的"divorce"一词,因为国民党《民法典》的概念基本上是现代西方概念。法律现在赋予男女同等的离婚权利,最明显的是让配偶中的任何一方都可以把通奸作为分开的合法理由(第 1052 条)。扩展妇女可以借以离婚的理由,可能是国民党民法与清代法律最不相同的部分。离婚实际上将成为民国时期讼争的重要的新领域,1949 年后它将远远超过民事案件中的所有其他类别。

实践中的妇女自主

国民党法律激进的概念改革如何在实践中体现出来？我们现在转向考察立法院对那些法律条文的解释和各级法院对它们的实际运用，我们将看到这是一个新旧混合的过程。

买卖妇女

在国民党法典下妻子们不再能够请求法律阻止她们的丈夫把她们卖给别人做妻妾，因为可惩罚的范围比过去狭窄。国民党法律摒弃了"和"及其有关的概念，在那样的概念中涉案的男人总有部分责任，即使妇女消极同意也是如此。

新观点的含义在最高法院和司法院对下级法院质询的回复中清楚地表现出来。如1928年8月，就在新《刑法典》实施前夕（9月1日正式施行），江西高等法院问最高法院：在新的法典下卖妻子是否仍是该受惩罚的犯罪？最高法院回复江西法官要他们参照新《刑法典》的第257条和第315条。我们知道，第257条规定"和诱"或"略诱"，出卖20岁以下的未成年人为犯罪；第315条把略诱延伸到成年妇女，但和诱不算犯罪（郭卫，1927—1928，1：102—103）。

那些条文的意图与含义随后即被司法院澄清。在1929年5月3日的一起质询中，湖北高等法院想知道"和诱"超过20岁的妇女并把她卖掉的人是否该判有罪。司法院斩钉截铁、毫不含糊地回答说不为罪（郭卫，1929—1946，1：65）。1931年，辽宁高等法院问：

"诱拐"20岁以下的已婚妇女该如何处理？法官回答说，因为已婚妇女被认为达到了法定年龄（尽管她不满20岁），该行为不构成犯罪（同上：446）。1932年，安徽高等法院询问：那"诱拐"20岁以下的妾又怎么样？司法院答复说，因为在民国法律下妾不被认为是合法结婚，她应被当作未成年人处理，涉案的男子当受惩处（同上：517）。那么，安徽法院想知道，这是否意味着"和诱"法定年龄的妇女完全不受惩罚？司法院回答说：完全正确，除非其行为符合《刑法典》第315和316条（同上）（正如上面所述，第315条只规定"略诱"有罪，第316条涉及"私禁"，也是强迫性的行为）。

换句话说，在新刑法下，法院所做的不仅是终止清代的卖休范畴（把妻子卖给他人为妻），而且在更广泛的意义上是终止和诱，即任何不涉及暴力而贩卖妇女的行为。和诱罪只在涉案妇女尚未达法定年龄时方成立。成年妇女被假定为积极的主体，她们不会被迫做她们不想做的事。除非受暴力迫使其违背意愿，否则她们被认为是出于自己的意志行事。其间不存在任何"和诱"的中间领域。如果涉案的男子没有使用暴力，则他们未犯任何罪。

这种构造的问题首先在于，妇女抵抗被卖，其被略或被私禁，都是只有在事情发生之后才能被证明。清代法律规定她们不仅可以控告卖她们的人，也可以控告打算卖她们的人，现在她们已经失去了这样的保护。或至少看起来如此。在实际生活中许多妇女仍处在由清代概念涵盖的中间位置，仍是我们所称的消极的自主体。

当时有压力要求修订这一部分法律，但这种压力不是人们可能想象的来自那些竭力重新获得旧的"和"条款所提供的保护的妇女，而是来自丈夫和父母，他们想重新得到"和诱"这一范畴给予他们的对付"第三者"的权力。1928年法典不允许他们像清代法律那样对引诱妻子或媳妇的男子提出刑事控诉,不管她同意与否。我们已经看到,下级法院曾向最高法院和司法院质询此点,而它们得到的答复正是如此。

到了立法者们开始修订《刑法典》的时候,已经有了正式提议,把第257条中禁止和诱20岁以下妇女的条文扩展到禁止和诱任何妇女。立法者所做的反应首先是坚持这样的修订是说不通的,如其所言,"(妇女)既逾二十岁则有独立之资格,可为妨害自由罪之被害者,而不能为诱取罪之被害者"(傅秉常、周定宇,1964,3:631—632)。所以他们在修订过的条文的第一部分保留最初的年龄限制不变(第240条)。但在其后,作为对那些要求引诱已婚妇女应算有罪的人的让步,他们加上了如下的规定:"和诱有配偶之人脱离家庭者,罪同(亦即三年以下有期徒刑——引者注)。"

随后最高法院的决定和司法院的解释清楚说明了新条文的意图。于是,在1937年的一项决定中,法院写道:"和诱有配偶之人脱离家庭罪,系维持家庭秩序,保护被诱人配偶方面所设之规定。"而司法院在另一起分开的解释中说明:"刑法第二百四十条第二项所定有配偶之人,并无年龄限制。"(傅秉常、周定宇,1964,3:643)在接下来的三年中有不下四起最高法院的案件是由被诱成年妻子的丈夫和亲属依新条款所打的官司(同上:644,646)。在所有这些案件中,法院坚持引诱了成年妻子的男子依第240条该判有罪。

这一新法律迁就了受勾引妇女的丈夫和亲属,但它没有赋予妇女本身任何新的权利。法院从来没有把和诱应用于妻子起诉让可能侵犯她的人停止侵犯她。另外,清代禁止把妻子卖休与别人为妻或为娼的旧条文已不复存在。面对这种情况的妇女,法律上的唯一出路就是起诉离婚。

这正是顺义县张氏1932年采用的方法。她曾被其丈夫耿德元和他的两个哥哥卖进妓院。她设法逃了出来并回到村里,这三个男人再次强迫她为娼。她向当地乡副求助,乡副命令他们停止,但耿氏兄弟随后把矛头转向他,诬告他强奸了张氏。她最后决定自己起诉离婚。经证实丈夫确实把他的老婆卖给了妓院,法院判令准许离婚,理由是虐待(顺义,3.432,1932.1.25[婚-151])。

在这起案件中,事情的发展与立法者的意图基本一致,妻子可以通过诉求离婚拒绝被其丈夫卖掉。但我们必须问在何种情况下这才是一个处于困境中的妇女所能做的选择。要是她无法养活自己该怎么办?另外,假使她只是想不让她丈夫把她卖掉,但并不想离婚,在国民党法典下她又能做什么?另一件顺义的案子表明她做不了什么。1931年丁李氏请求顺义新设的调解庭的帮助,申诉她丈夫企图逼她为娼,并说他最近卖掉了一个诱拐来的女子。因为她似乎不想或不能够承担与他离婚的后果,她向法院提出一份"民事调解申请书",希望制止他出卖她。然而她的丈夫根本不理睬她,没有出席听诉。案子就此打住。调解庭没有真正的裁决权,只能注明"调解不成"(顺义3:432,1931.11.21[婚-16])。

如果可能的卖主是父母亲或姻亲,受害的妇女将无法得到任何法律上的帮助,除非她能证明事涉略人,而"略诱罪之成立"。最高法院在1931年说,"须以强暴胁迫诈术等不当之手段"(傅秉常、周定宇,1964,3:639)。这里事情的另一面是妇女本身不会被认为有罪。作为独立的自主体,如果愿意的话,离开家是她们自己的权利,哪怕被卖,只要她们没有同时犯通奸或重婚之类的罪。所有最高法院与1935年刑法第240条中新和诱条款有关的案件,都同丈夫和父母起诉第三者(男子)有关。其中最主要的争论是对涉案男子的适当量刑,没有一件案子牵涉惩罚同意被侵犯的妇女,但也没有一件案子是妇女寻求法律对她们进行保护(以不受可能的虐待者虐待)(傅秉常、周定宇,1964,3:642—649)。国民党法律所做的是既缩小了对妇女可惩罚的范围,也缩小了对她们的保护范围。

寡妇与童养媳

国民党法律也废除了清代"逼孀妇改嫁"的禁令。作为妻子,她能随心所欲做事,丈夫死后还是这样。例如,我们有一个1931年发生在安徽祁门的案子,因穷困不堪且与公公婆婆合不来,案中一个孀居几年的寡妇想再婚。但怕他们会反对,她申请法院支持。当案件呈送安徽高等法院的时候,法官们似乎觉得在这件事上有两部互相冲突的法律。根据现行法的"民事有效部分",寡妇的再婚应由她的公公婆婆或亲生父母主婚;但根据新民法典,她是自由的自主体,想结婚就可以结婚。被问到此问题,司法院明确回答说那当然完全由她自己决定(郭卫,1929—1946,1:436—437)。

如果法律与妇女生活的真实情况大致相符的话,这当然不错。然而下面这个案例表明两者之间还有很大的距离。在1931年一起发生于山东日照的案子中,一个16岁的女孩曾与一个14岁的男孩订婚,该男孩在合卺前夭折。"本诸该县习惯",她选择"守节"并继续在他家生活了16年。但在这么长时间之后,他的父母想结束与这位"寡妇"的关系。很明显,该女子想留在那个家中继续由其"姻

第十章 国民党法律下妇女在婚姻、离婚和通奸中的选择

亲"供养。她所做的是求助于清代旧的贞节理想来防止被从家里赶出去。

山东高等法院询问司法院对此的观点。对司法院来说,问题不在妇女的贞节,而在新法律有关供养义务的条款。由于该女子留在此家中有意"永久共同生活",则她应被视作该家庭的成员,而既然这样,她未婚夫的父母亲就不该终止与她的关系并把她赶出门(郭卫,1929—1946,1:442)。

在这种情况下,从法律的眼光看,该女子有很充足的理由,因为她曾作为一名家庭成员与未婚夫父母生活了16年,但多数小姑子及姒娌不会具有如此坚实的法律理由。一方面,法律上有关家长供养其家庭成员的义务的条文,把这些人的地位放在那些可能要求供养的人的最低一级,排在兄弟和姐妹之后(第1114、1116条),而且只有她们"不能维持生活而无谋生能力"时才获供养(第1117条)。再则,家长有权把她们赶走,如果她或他有"正当理由"就可以这样做(第1128条)。

这些条款在实际上意味着什么,可以从两个具体例子中看出来。在一起最高法院的案子(1940年)中,一个女家长想把她孀居的媳妇赶走,理由是她与有妇之夫通奸。法院裁定这家长有足够的理由这样做(傅秉常、周定宇,1964,2:1150)。在另一起案件(1937年)中,一个寡妾面临被其"丈夫的"儿子驱逐。他的理由是她品行不检,与一位男子互通情书。法院判决此"不得谓无正当理

207

由"(同上:1149)。①

这样,民国寡妇虽然具有一定的新权利,当留在夫家时,她的地位其实比在清代时更弱。在清代,法律毫不含糊地站在她的一边,规定她的姻亲要赶她出去的话就是犯罪。另外,由法律维护的贞节的文化价值观给她提供了相当坚实的道德理由,以抵抗那些想抛弃她的人。现在她只能申请法律赋予的有关保持家庭成员资格条款之下的有限保护。

另外,国民党法律赋予妇女的扩大了的财产权利可能会对某些寡妇有帮助。如在一件顺义的案子(1935年)中,当一个寡妇的小叔子未经她同意就想把其亡夫的财产卖掉时,她与他打了起来(顺义,3:1029,1935.10[婚-32])。在另一起顺义的案件中,一个寡妇再婚时成功保护了她的嫁妆不让小叔子拿走(顺义,3:468,1931.8.21[婚-20])。在这两起案件中,寡妇都可以争辩说国民党法律赋予了她新的财产权。在第一起案件中,法院判令任何一方未经对方同意都不得出售财产。在第二起案件中,法院判令把嫁妆还给寡妇。

新法律在某些情况下确实起到了阻止姻亲把寡妇赶出家门的作用。然而,寡妇不再能申诉于禁止强迫她再婚的条文或贞节的理想。总的来说,在这一领域国民党法律也可能缩小了对妇女的保护范围,尽管它同时在其他方面扩展了她们的权利。

童养媳女孩也一样。新法律在某些案件中表现出的作用很

---

① 国民党法律名义上奉行一夫一妻制,但实际上因不承认妾的存在而允许维持纳妾制度。在法律眼中,妾因此不具有任何身份,几乎没有任何权利。全面理解这一观点的含义,见自凯,1999:第7章。

大。在一起1949年的吴江案件中,受过良好教育且意志坚强的杜春贞到法院去争取从其夫家解脱的"自由"。她曾与梁锦宽于1937年订婚,当时她只有11岁。她现在已经22岁了,诉求解除婚约,但这违背她母亲及锦宽父亲梁光泰的意志。梁争辩道:如果婚约解除,那么他至少该得到扶养春贞的赔偿,他估计赔偿为每年5石米,即11年55石米。杜春贞反驳说,这些年她无偿为他们家工作,她已完全付清了。法院裁决如下:结婚协定必须建立在达到法定年龄的男女(男17岁、女15岁,第973条)自由自愿的基础上。缺乏这点,任何结婚合约都是不合法的。这里解除婚约没有疑问,因为不存在合法婚约。年轻的杜春贞得以自由离开与其订了婚的家庭(吴江,206.1:473,1948.1.30[婚-6])。

在这两年前(1946年),当卢时梅诉求解除她与蔡仲定的婚姻时,乐清法院就已经做出了同样的结论。卢时梅看来是由她的父亲把她当作童养媳与蔡订的婚,当时她只有11岁。但之后蔡离家外出,已经八年不闻音讯。对卢来说,她起诉的基础是未婚夫失踪了。但对法官来说,关键不在这里。就像在所有童养媳协议中一样,那种婚约不是合法的契约,因而也不需要解除婚姻。法院简单地重申了卢可以随愿结婚的权利(乐清,2-2-6.1946.1.8[婚-17])。

在这两起案件中,法律明显起到了立法者预想的作用:进一步加强了妇女的自由抉择权。但就像对于寡妇一样,我们有必要询问完全独立的生活是否真的是那些年轻童养媳的现实选择之一。如果她贫至一无所有,那么这种抉择意味着什么?从清代案件我们知道,当原计划的婚姻不可能进行时,能够请求娘家父母支持的童养媳往往结局最好。如在淡水-新竹,林绸凉八岁时与郑宝的儿子订婚。但后来不知什么原因,这桩计划好了的婚姻似乎难以为继。绸凉的父亲林石头把她领了回去,他答应退还彩礼并把女儿许配他人(郑宝起诉要女孩回来,他甚至控告她父亲欲将她卖往大陆为娼。但他的起诉没有成功。淡-新,21202,1881.11.8[婚-2])。另一位年轻的郭氏运气也比较好,有一个愿意援救她的父亲。在这起案件中,她实际上已经与吴林氏的儿子结婚,吴林氏从小把她养大。但小两口过不到一块,在婆母吴林氏的恳求下,郭氏的父亲以40元将其赎回并把她嫁给另外一个男人(淡-新,21207,1890.11.28[婚-7];亦见21204,1886.6.18[婚-47])。

绝大多数童养媳并不享有这种选择机会。一个其娘家当初穷得把她卖掉的女孩,如果事情不顺利,娘家多数也不可能给她多少帮助。作为一个孩子在另一个家中被抚养,她唯一的倚赖就是完婚成为人家的媳妇。如果协议破裂,她只能任由收她做童养媳的家庭摆布。正如我们已经看到的那样,清代巴县和宝坻的7起童养媳案件都涉及妇女的受害——被略诱卖掉、被卖给别人做老婆或被逼为娼。很显然,对许多失败了的童养媳安排而言,女方的问题并不在于如何从其订婚家庭获得独立,而在于如何让他们继续供养她而不把她赶出去或卖掉。

从该观点看,国民党法律提供给她的新权利是相当有限的。就像求助于贞节理想的寡妇,这些年轻妇女所需要的是法律对她们的消极自主的支持:不被赶出去或卖掉。但新法律不承认她们在清代法律下还能要求的、作为订了婚的准新娘的一丁点儿合法性。现在她被认为既没有订婚也不是被收养,她们实际上和妾的

第十章　国民党法律下妇女在婚姻、离婚和通奸中的选择

法律地位一样,也就是说,在新法律下她们根本就没有地位。她们能要求的唯一保护就是被当作那个家庭的一员。但如果那样,她的境遇将和妾差不多,其地位排在兄弟姐妹之后,而且只有自己无法谋生时才有权要求供养。此外,她们可以被以"正当理由"逐出家门,包括与某男人私通(或借口有这么一回事)。

分居、通奸、离婚

尽管清代法律没有给予受侵犯或不幸的妻子足够的支持,让她们去积极抵抗她们的丈夫或去寻求离婚的权利,但我们已经看到法庭如何倾向于听凭她们采用把娘家当避难所的普遍方法。而该方法基本上已被国民党民法典规定夫妻要"互负同居之义务"的条款封死。做丈夫的现在获得了以前不曾有的逼使妻子回家的一个法律武器。法院有时也真让他们遂愿。如在 1940 年,宛平县(今属北京市)一村民张广琴打官司要他的妻子张氏回来与他共同生活。她半年前跑回家与父亲张连元一起过。张氏辩称她丈夫及姻亲虐待她,打她弄伤她。北京地方法院注意到她曾在一年前控告她丈夫虐待她,而那次起诉后被查实毫无理由,于是裁决她缺乏不与她丈夫共同生活的合法原因,并令她回到他身边,根据是针对同居的第 1001 条和第 1002 条(北京市,1942-4094,1940.4.8)。

在另一起案件中,同一个县的村民王维成于 1942 年起诉他的妻子(王)董氏,要她回家。她辩称他曾打她,引起伤害。同一个北京法院裁定如果夫妻"偶尔失和,(丈夫)打(妻子)被告致令受有微伤,尚未达不能忍受之程度",它判令董氏回夫家(北京市,1942-3311,1942.5.12;亦见 1942-7893,1942.5.4;1942-196,1941.3.22)

211

然而案件记录也表明某些丈夫在利用此同居法让他们的妻子回去时所遭遇的困难。如在一起四川的案件中,一个丈夫先是起诉要与他老婆离婚,理由是她回娘家的时间太长。这对夫妻看来只在一起生活了一年,随后妻子回娘家去住,到打官司时已差不多十年了。但法院裁定这样要求离婚理由并不充分。于是丈夫上诉,根据即将实施的新《民法典》第1001条,他的妻子应该回去与他一起生活。法院做出赞成他的判决,但做妻子的仍没有依判决回家。做丈夫的于是第三次起诉,要求强制执行第二次的判决。成都高等法院转向司法院询问是否该传当事妇女到庭以强制执行判决。司法院的回答是坚定的"不"。民法中的"同居"条款不能以暴力强制执行,它只能通过说服或调解起作用(郭卫,1929—1946,1:75)。

不过,似乎可以公平地说,总的说来一个反对其妻子离开家生活的丈夫在国民党法律下相对占了便宜,比他在清代法律下要好。清代法律根本不提妻子与丈夫同居的义务;而对做妻子的来说则刚好相反,她失去了一些她曾经拥有的行动空间。但也可以公平地说,妻子们并非完全处于比之前不利的地位。法律的另一个意图是保护她们不被毫无理由地抛弃。如周谢氏成功地引用了第1001条,她在1946年起诉她丈夫周芳椿没有与她一起生活并供养她。看来他不这样做的借口是她有"不治之精神病"。但法院指出她没有表现出任何精神病的症状,同意周芳椿依法有义务与她"同居",判令他让妻子回去(乐清,1946.5.7[婚-2])。

在1928年刑法的条款之下丈夫也占了有利地位,允许他对有奸情的妻子及其情人提出犯罪指控(第256、259条)。这些条文为丈夫提供了相当大的控制其妻子的权力。他可以用法律惩罚或通过撤诉饶恕任何一方或双方来威胁她或她的情夫。如在顺义（1924年，是在1928年刑法正式颁布之前），王少甫状告王进瑞与其妻李氏通奸。法院判决进瑞有罪并处以两个月的监禁。少甫的妻子没有被提及，大概是因为少甫没有要求惩罚她（顺义，2：488，1924.5.28［婚-5］）。1931年，在另一宗案件里，顺义县的史玉才同时状告妻子和她的情夫（邻居张起）。仅投了状即足以让他通过非官方的调解人满足他的要求，他随后撤诉（顺义，3：426，1931.6.17［婚-11］）。

我们已经看到，在他们对刑法典的修订中，国民党立法者试图通过规定丈夫及妻子通奸都是犯罪（第239条），而在此领域进一步体现出男女平等。从理论上讲，与丈夫可以运用法律对付通奸的妻子一样，妻子也可以运用法律对付通奸的丈夫。然而在实际中，新条文似乎没有什么影响。根据随后几年呈送司法院的质询判断，还是只有丈夫才利用关于通奸的法律。如在1938年，广西高等法院问该怎样判罚一个与有夫之妇通奸并引诱她与他一起逃跑的男子。司法院的答复是对他应双罪并罚（郭卫，1929—1946，2：1394；傅秉常、周定宇，1964，3：630）。军事委员会1941年曾向司法院质询过同样的问题并得到相同的答复（郭卫，1929—1946，3：1274；傅秉常、周定宇，1964，3：630）①。山东高等法院1936年提出了一个不同的问题：一位丈夫看来是起初允许并鼓励其妻子与别人通奸，但后来他改变主意并控告他老婆及其情人。司法院指出，

---

① 但男人不可能指控他的妾通奸，因为妾没有法定地位（即在法律上不存在）。

据第245条,"纵容"妻子与人通奸的丈夫将失去控告她的权利(郭卫,1929—1946,2:1267—1268;傅秉常、周定宇,1964,3:630)。

尽管1935年对第239条的修订,其目的明显在于性别平等,但关于丈夫通奸作为刑事犯罪的法律条款的内容显然还不能为社会(至少在农村)所接受。在由傅秉常和周定宇收集的1935—1949年间的9件司法院解释中没有一件是由妻子以此理由提出的控诉(3:630—631)。我们已经看到(法律)在试图消除和诱罪时有点勉强。用最高法院的话说,立法者被迫做出让步是为了"维持家庭秩序,保护被诱人之配偶"。正如我们刚刚注意到的那样,从实用角度来说,"受害的"配偶总是丈夫,而不是妻子。

但所有这些都不是要贬低几部国民党新法典带给某些妇女的重要进步。它们毫无疑问在一定程度上为那些性格坚强而且相对富裕的妇女提供了坚持她们权利的机会,这在清代法律下几乎是不可能的,特别是在离婚领域。顺义县的几个案例将说明此观点。我们已经看到法庭如何把企图卖妻为娼处理为离婚的充分理由,甚至在清代已经是那样。但国民党法律把虐待定义为涵盖范围更广的侵犯。1935年孔梅氏起诉离婚,理由是她丈夫虐待、鞭打,甚至用热铁烙她。法院引第1052条第三节准许离婚:"夫妻之一方受他方不堪同居之虐待者"(顺义,3:840,1935.58[婚-23])。两年前,22岁的王刘氏诉请与其十几岁的丈夫(17岁)离婚,强调他的继母和祖母拧她、捆她。很明显她并不喜欢她丈夫,且实际上大部分时间她与其表哥张庆待在一起。案件由中人调解。王刘氏付给她夫家40元,婚姻解散,男孩女孩都可自由再婚(顺义,3:671,1933.623[婚-21])。此类案件告诉我们妇女拥有扩展了的自

第十章 国民党法律下妇女在婚姻、离婚和通奸中的选择

主权。

在婚姻判决中,我所看到的妇女获得新的人身自由的最显著的例子,是一起较早发生的案件。该案发生于1934年,案中一位21岁叫胡爱德的老师控告她父亲未经她的许可,以20元钱和一枚戒指为订礼使她与一位警察订婚。在起诉状中她自己写道:她是一位"解放女子……系学子教员,岂甘心婚配于奴隶"。她发誓:"况非民之自由情爱,誓死不能受其欺。"结果她成功达到目的,订婚由中人调解作废(顺义,3:671,1934,无月日[婚-301])。此案件显示了新婚姻法的另一个结果:父母亲在孩子婚姻中的作用越来越小。一起吴江的案件给我们提供了另一个例子。案中新娘家在订婚过程的后期改变主意,新郎的父亲去法院要求赔偿,说是他家已花钱买了金饰三件、衣服四件,外加28石米用于其他开支。然而在庭审中,那位年轻人(新郎)明显因受拒绝而导致情绪激动,他要求撤诉。由于依照法律,婚姻是两个独立的成年人之间的契约,他是诉讼中的主角,法院尊重他的意愿,看起来他父亲没有任何办法,这在清代闻所未闻(吴江,206.1:45,1949.1.10[婚-3])。

年轻的老师胡爱德是从新法律中受益最多的那类妇女的例子。她们更可能是来自城市和大的城镇,而不是来自大小村庄(胡住在顺义县城),且比大多数妇女在经济上更加独立。满铁关于三个华北村庄沙井、寺北柴和侯家营的资料,不含一则在婚姻和离婚上有剧烈变化的例子;而在白凯的城市离婚研究中所使用的北京市和上海市档案里面,却充满了妇女利用她们的新权利和权力的例子(黄宗智,1998:23—24,29—31;白凯,1994)。

县级档案证实大都会地区以外旧方式的存在。在一起吴江的

案件中(1946年),一个住在镇上的女子卢阿凤起诉离婚,理由是她的丈夫虐待她,把她赶出家门,并毒打她以致小产。法院先是把她送到调解庭。然而她的丈夫根本无视她的存在,没有出庭。她坚持起诉。在庭审中,他还是没有出庭。她再次陈述了她要求离婚的理由。但法院裁定不允许离婚,理由是她不能书面证明她的任何指控(吴江,206.1:149,1946.3.18[婚-2])。

在另一起类似的吴江案件(1948年)中,陈顺宝诉求与其丈夫离婚。理由是他打她且不供养她。她有媒婆作证,她丈夫的叔叔也证实自己的侄儿是个无赖,吸食鸦片。吴江法院再一次先把那女子送去调解,调解又告失败,因为她的丈夫没有出庭。然后在庭审中,尽管他还是没有出庭,法院仍然裁定"遗弃"条文只适用于那些不能供养她们自己的人。由于陈顺宝还只有20岁出头,她能够自己养活自己,在她这种情况下遗弃并不是要求离婚的充足理由(吴江,206.1:59,1948.11.10[婚-4])。

最后再引用一个例子。这是一起发生在宜宾的案件。曾淑贤诉求离婚(1937年),理由是她的丈夫罗焕文是个鸦片瘾君子并打她,且在婚前他假装是个有钱人而与她结婚。法院下令进行调查,但法警回来报告说,那位应该是丈夫的罗焕文否认他知道有这么一个妇人。案件到此中止(宜宾,1937.10.16[婚-1])。从这些例子及其他证据可以看出,尽管新法典有引人注目的条款,但司法实践仍然常常遵守旧的方式。变化肯定是相当可观的,但其程度不应过于夸大。

第十一章 结论

贯穿本书的主题可以归纳为以下四个方面。首先是清代法律和习俗中有关民事的概念结构,亦即逻辑。其次为清代现实中的司法实践,案件记录告诉我们成文法如何被应用,以及它在人们生活中意味着什么。再次是 20 世纪立法者对法律中的现代概念的追寻,先是照搬西方模式,后是提倡西方法律与中国传统的综合。最后谈到国民党法院如何在立法者的意图与当时的社会习俗之间斡旋。

清代法律和民间习俗的逻辑

为避免把我们自己的观点和假定带到清代,本研究在每一个质询前都以分析清代的构造开始。笔者试图将西方中心论的(亦即"东方主义"的)假设放在一边,尽量弄清清代本身的逻辑。与国民党民法典的比较则有助于揭示出那些已经明言或未经明言的逻辑。

然而并不能简单地将清代的构造等同于国家的解释或公众概念。本研究表明了国家观念如何与民间习俗相分离,尽管前者有时是建立在后者的基础之上。这两者可能基本一致,也可能截然相反。对清代概念的讨论须同时既留意国家的解释,也留意民众的意识。

父系家庭秩序与生存伦理

清代法律和民间习俗都包含了父系家庭社会秩序的原则。父子关系是该秩序的核心。财产须由父亲传给儿子,没有嫡子则传给过继的(男方)侄儿。妇女的财产权只是(其丈夫财产权的)派生物或对其子的监护权,除非没有儿子。而且财产所有权并非属于个人,而是受到严格的家庭义务之制约。个人的意愿不起决定性作用,就像作为自己小家庭家长的儿子不能违背父母意愿处置他分内的家庭财产一样,父亲也不能否认儿子的继承权。另外,父亲年老体衰之后,儿子必得赡养他,还得赡养自己的母亲。

国家法律和民间习俗都建立在家庭农场经济及其生命周期的基础之上。家庭在家长的领导下以单个的单位在自己的土地上劳动,因此才有父母抚养孩子而在年迈时反过来由孩子赡养的"反馈模式"。在很大程度上,作为单一的单位家庭也拥有家庭农场,因此才有对个人产权的家庭义务限制。

国家法律和民间习俗出现分离首先体现在有关继承的规则上。根据国家的构造,无嗣夫妇必须依亲疏秩序从侄儿(兄弟的儿子、堂兄弟的儿子等等)中选择一人作为继承人。然而在民间实行的惯例中,还必须考虑养父母与该侄儿间的感情。民间习俗考虑养老的实用性多于考虑意识形态。国家法律最终和民间习俗彼此迁就,允许无嗣夫妇在合法侄子中选择继承人能有更大的弹性。

在养老问题上,国家法律和民间习俗也出现分离。对国家来说,奉养双亲是道德上必须履行的责任,是儒家意识形态的绝对要求。法典对如何履行该义务并没有提供任何指导,只是制定了对失责的惩罚。但民间习俗却采取不同的步骤以确保不能发生失责,典型的是非常现实的安排:把家里的地留出一部分作为养老地为双亲的赡养和丧葬支出之用。隐含在该安排中的逻辑是:如果儿子不怎么孝顺,父母亲仍能够靠出租或雇人耕种养老地生活。我们可以说,社会并不像儒家立法者那样相信道德规则。

在长时期的演变中,为回应一直存在的生存压力,这一父系家庭社会秩序特别强调我们所说的生存伦理与逻辑。农民借钱主要是生存借贷,为有饭可吃,或应付生老病死之需。对清代法律来说,那种不像投资那样计成本与回报的借贷乃信用制度的基本准则,它只通过制定可收取利息的最高限额对借贷做出规定。民间习俗基本上遵循国家章程。

生存伦理也可见于债务纠纷的处理。清代法律对不偿还贷款依不同的数额制定有不同程度的惩罚,清代法庭在被要求做出判决时通常依必须还债的原则进行裁定。然而该原则因对穷人的同情原则而在某种程度上有所缓和,法庭应要求债权人对处于破产边缘的小农做出让步。在民间习俗中,让债务人妥协的余地更大。

生存伦理还扩展到养老要求。即使家庭本身没有土地,民间习俗也要求儿子赡养年迈的双亲。其中未明言的逻辑是:无地的

219

儿子总可以外出佣工谋生，所以没有土地不能成为不履行对其双亲的义务的借口。清代法律建立在此逻辑基础之上，并通过规定对未能照顾父母生活的穷儿子予以惩罚强化了此逻辑。

生存伦理也是典卖土地习俗的基础。在农民看来，人们只有在为了生存时才会出卖土地，应该让他们在时来运转之后能够赎回它。因此，典习俗给予出典人无限期回赎土地的权利。清代法律承认典卖的原因很简单，国家想对其课税并进行管理。法典规定典交易要交税，制定回赎的时间限制，并限制出典人可能索取承典人额外支付的次数。一旦这样做，法律便等于承认了典习俗的合法性，与永久拥有土地的逻辑和同情为生存而被迫出售土地的人一致。

清代法律和民间习俗共同向我们说明，这是一个考虑生存多于考虑经济收益的社会。两者都不符合资本主义利润最大化的"理性选择"逻辑。由于是以部分商业化了的、以生存为目的的农民经济为基础，两者的逻辑反映了一种与西方资本主义十分不同的合理性。①

妇女的"抉择"与佃户的"权利"

在清代法律和民间习俗的父系家庭秩序中，妇女都被认为是鲜有自身意志的从属物。不过她们还不至于被认为仅仅是被动的物体，她们被指望在守贞还是不守贞之间做出选择。

---

① 这些观察也许可以当作我自己早期努力应用和引申恰亚诺夫（A.V.Chayanov）的理论的附加和进一步说明。用当今理论话语来说，也许应称为小农经济的"实践逻辑"（黄宗智，1985，1990；Chayanov，1986；布迪厄，1977，1990）。

第十一章 结论

国家法律和民间习俗都认识到广泛存在的侵犯妇女的社会现实。女儿和妻子常被卖与他人为妻或为娼,寡妇常被其夫家逼迫改嫁以获取财礼(也是为了卸掉供养她们的负担)或被逼为娼,而妇女遭遇性侵犯更是不乏其例。实际上,毫无疑问,正是对越来越多的这些侵犯部分地做出反应,国家制定法律既保护妇女免受侵犯,也要求她们以不惜一切代价反抗这些侵犯来证明自己的贞操。不管怎样,妇女被视为只能部分和有限地控制自己的生活。(在有关犯罪中)尽管有她的同意,她最多也只是有部分责任,男方不管怎样总被认为有罪。这是和诱(即在其同意下勾引妇女)、和略(即在其同意下略卖妇女)、和卖(在其同意下出卖妇女)及和奸(在其同意下奸污妇女)等平行概念的基础。这是一种在本书中我称之为"消极自主"的思维——既非现代西方或国民党法律的那种积极自主,也非完全没有自主。

清代法典认为妇女只有从属意志的观点与其父系家庭产权的观点是一致的。妇女没有自己的财产所有权(或自主意志),但这并不意味着她们对财产不能有任何要求(或不能选择决定)。在男性所有制(或支配)的环境中,她们可以对财产提出要求并控制财产(或做出抉择)。

该观点也与民间习俗完全吻合,但在土地租赁和劳动价值上,法律则与习俗大相径庭。在一般人看来,一个凭自己的劳动将一块生地种成熟地的佃农有权分享该土地的所有权,该观点在土地包含田底、田面两层概念中以隐喻的方式表达出来。田面权的拥有权始于永佃权,在许多地方它逐渐演化为交换、出租和永久传承土地的权利。简言之,演化为完全的所有权利。在农民看来,生地本身显然鲜有或根本没有价值。如果佃户投入了必要的劳动去增加其价值,他得到其拥有权乃应该的、公正的。然而在清政府眼里,田面权的习俗过分强化了佃农的权力并威胁到地主收租,进而影响到国家税收。这必须压制,而且的确是压制了。①

"地方性知识"和"实践逻辑"

本研究中对清代概念的分析部分有意参照吉尔茨极力主张做的那种工作。他的"地方性知识"和"深描"主要是提倡对本土"概念结构"或"意义网"进行研究。其用意是脱离欧洲中心论的本土构造解释,会帮助我们把源自西方启蒙时代的现代西方文明绝对主义相对化。它们有助于我们把"现代化"的分析模式放在一边,那是一个西方中心论的、实证主义的及东方主义的模式。它们有助于我们构想与现代西方的"理性"不同的"合理性"。因而笔者对清代概念的重构,可以首先理解为努力解释该本土的(尽管只是清代国家的)"前现代"概念结构(特别参见吉尔茨,1973,1983;有关东方主义,见萨义德,1978)。

考虑到重构可称之为"(习俗的)实践逻辑",笔者对习俗的分析在某种程度上是受皮埃尔·布迪厄理论著作(1990,1977)的引导。公众话语相对于国家官方话语,比较少明确表达其基本原理。这些未明言的逻辑可以通过研究惯习,尤其通过与官方的和现代

---

① 中华人民共和国成立后,政府部分表达了劳动者有所有权的"农民"概念,然而是以社会主义所有制形式(或"全民所有"和"集体所有")来表达的。该表述与清代"民众"概念的不同,表现在其对私有制的摒弃上。但在"劳动人民"应该拥有并控制生产资料的思想中,可以说与以往的"民众"概念存在明显连续。

西方的概念相比较和对照来予以揭示。在本书中笔者试图解释几类隐含在清代惯习中未明言的逻辑。

清代的司法实践

但清代法庭是如何运用其法律条文的？法庭行为通常与法典的意图一致吗？还有，司法系统如何影响习俗和人们的生活？案件档案对这些问题提供了一些答案。

关于典卖土地，那些档案表明法庭主要是尽力解决由不断增长的市场化对成文法土地永久持有理念提出的挑战。长期以来，入典人和出典人之间有相反的期望，前者想通过市场购买获得绝对的所有权，后者则坚持无限期的可回赎权。也有出典人趁市场价格上涨之机利用无限回赎权向入典人反复勒索找价支付。还有不断增加的复杂的市场交易，其中典权被卖或作为贷款的担保。法庭，包括法律条文在其实用性规定中所做的，是谨慎协调永久持有土地的原有理念和不断增长的市场化现实。法庭坚持在没有明确说明系不可回赎的交易中出典人应有回赎权。它们同时也坚持限定出典人只能要求一次找贴支付。它们企图坚持原先对典交易的想象，即一个只涉及原卖、买两方的交易，但此图像已越来越脱离市场实际。

关于田面权，毫不奇怪，鉴于法律的敌意姿态，我们没有发现一则田面主利用法庭去坚持其习俗权利的例子。法庭只是在当局遇到欠税的田底主时才干涉，这些田底主声称无钱课税，因为他们拥有田面的佃户欠租不付。法庭于是支持法律承认的地主去强制收税。此外,清代国家看来只偶尔及局部性地试图抑制田面权。不管怎样,该惯习一直到20世纪仍广泛存在。

至于债,法庭主要处理债权人追回欠付贷款的权利。一般说来,法庭坚持合法债务必须偿还的原则。如果某位债务人特别值得同情,法庭会力劝债权人做些善意的让步。法庭通常能够有效地逼使质朴的农民债务人还债,但遇到有权势或组织有方的诉讼当事人就不一定能有效执行。关于养老,法庭行为也与法律条文要求儿子供养父母基本一致。尽管法典并没有特别赞同民间的养老地办法,但由于它对赡养义务的强硬立场,父母亲总是可以提出起诉(及严惩的可能性)来对不听话的儿子施压。

对遭受侵犯的妇女,清代法庭表现出双重面目。那些其丈夫想把她们卖掉的妻子可以请求法庭支持以迫使她们的丈夫停止行动。那些其亲戚想把她们抛弃或改嫁谋利的寡妇,也可以贞节的名义利用法庭强迫这些人停止行动。在这些方面,清代法庭为涉案的妇女提供了一些保护。

但法庭也有惩罚性的一面。如果一位妇女不能够做到符合法律为其制定的道德标准,法庭可能会变得相当严酷。就像犯通奸罪的妇女一样,自愿或同意被诱引离开其丈夫的妇女,如果其丈夫提出控告可能会受到严惩。受性侵害的妇女可能面对犯奸同谋的嫌疑,除非她们能以抵抗证明自己的清白,哪怕是冒着生命危险抵抗。

因为通过其实用条例,清代法律在很大程度上迁就习俗和不断变化的社会现实,清代法庭基本上不需要在成文法和民众实践之间斡旋。它们一般都依法典行事。总的来说,案件档案告诉我

第十一章 结论

们的与其说是法庭行为和成文法之间的脱节,不如说是诉讼当事人如何利用法庭及他们的生活如何受到法律系统的影响。

向现代法律过渡

作为一种西方中心论意识形态的构造,现代化模式被恰当地批评过了,首先是社会史学家批评它漠视剥削成性的帝国主义,最近是后现代主义者批评其现代西方文化优越性的东方主义假定。这些已毋庸赘言。

但现代化,作为中国知识分子所寻找的适合他们自己国家的新道路则与上述现代化模式不同。尽管吉尔茨本人在研究非西方社会中倾向完全摒弃现代性的后现代主义,但事实是在那些社会,再多的"地方性知识"也不可能忽视西方模式。寻找现代性——不是文化整体,而是有选择地援用,实际上在过去的一个世纪里这是几乎所有非西方知识分子和社会至为关心的问题。实际上,对现时代非西方地性方知识的"深描"要求我们注意而不是漠视现代性的问题。

否则的话,我们就有落入最初由东方主义所预设的二元推论陷阱的危险。它假设西方与非西方是两个互相排斥的实体。东方主义话语强调现代西方对非西方另类的优越性。非西方的他者要现代化只能变得像西方那样。作为对此的反应,后现代主义者对东方主义的批评方式是试图倒过来推崇本土文化。这样,他们以文化相对主义和民族中心论来反对西方中心论,强调坚持本土传统才正当。这种两极化的争论会使我们对非西方社会的讨论陷入过去东方主义"不是中国就是西方"的二元对立结构中。

于是,在美国的中国研究中,我们首先有第一代(在20世纪五六十年代)专注于这样的问题:为什么中国没有像西方那样现代化?答案范围从中华民族中心思想,到儒家"主义"的负面影响,再到"官督商办"(费正清、赖肖尔,1960:特别是第290—294页;赖特[Wright],1957;费惟恺,1958;亦见费正清等,1965)。随后的一代反其道而行之,坚持中国实际上与西方非常相像,中国也有它的早期现代时期,有完整的市场经济和公共领域。①

这是一条与中国大陆学者长期努力以发现明清时期"资本主义萌芽"相平行的辩论路线。该辩论事实上与最初的现代化模式一样,完全是西方中心论的,因为它像其他理论一样假设现代西方是放之四海而皆准的普遍标准。最近,这些早期的努力受到后现代主义的批评,它强调需要批判性地解构西方中心论的概念并重构中国本土话语及概念(Hevia,1995;巴洛[Barlow],1993)。

但20世纪中国的法律变迁,不可能用他们这种不是这一方就必定是另一方的构造来解释。20世纪中国民事法律制度的变化与延续涉及的不是非此即彼的简单选择,也不是由传统向现代的直接转换,或对旧的本土做法的简单坚持,而是两者之间的迁就与对抗、延续与剧变。

---

① 罗威廉,1994,1989,1985。怀疑这种观点的人可能会把"公共领域"论等同于中国的"民主主义萌芽"论。我对此有更全面的讨论(参见黄宗智,1991:300—302;1993和1998:189—191)。

第十一章 结论

对西方模式的综合

20世纪中国立法者自身以德国民法典为出发点,对该法典几乎全盘采纳。总体上,现代西方法律体系(特别是德国法律体系)被认为是法学科学中最好的和最进步的成就。正是这一思维导致司法改革者们委托日本的德国民法专家起草(中国)现代民法典的前三编(总则、债权、物权)——日本人曾以德国民法典为范本编纂了他们自己的新法典。

几乎所有参与其事的中国编纂者都受过西方法学的训练,其中某些人在西方优越性的假定上或许比他们的西方同代人更东方主义。那些人(包括一位女性)在当时从帝国主义列强手中恢复中国领土主权的强烈关注中被推到前台——中国必须立即采用西方模式的法律以便说明中国已经加入了国际大家庭,中国应被委与自主权力,不要令人耻辱的治外法权。

不过,即使那些面向西方的法律现代化者也开始注意到简单全盘移植现代西方法律的不足。他们认识到,一部民法典不可能无视它将在其中起作用的文化和社会环境。于是他们开始让法律适合中国的习俗(尽管他们接着在"亲属"和"继承"编采纳更多的德国模式)。结果,他们对新法律系统提出了一个综合性的理想——要把他们认为的西方的个人主义重点与中国传统的家庭主义重点,综合成新的以"社会"为重点的法律制度。

毋庸置疑,立法者仍旧摒弃了民间习俗的诸多方面并坚持某些从现代西方采用的原则。他们完全摒弃了田面权的习俗及其劳动者对土地所有权的要求,而坚持单一面、排他的产权原则。他们摒弃了继承和养老中的父系惯例,而坚持结婚、离婚及继承中男女平等的原则。他们摒弃了清代将妇女视为从属物的想法,亦即她们只能要么同意要么抵抗对她们的侵犯,而坚持妇女能够而且应该以她们自己的意愿行事的原则。

但他们也把旧的习俗与传统融进新法典。他们基本重新采纳了清代有关典卖土地的条款,因此认可了小农经济的生存伦理。在这样做的时候,他们实际上承认了小农经济永久土地持有的理念,以及对那些受生存危机所迫出卖土地的人予以特殊照顾的伦理。他们也像清代法典那样对农民贷款加以利率限制,因此承认了农村社会中生存借贷的现实。而且他们规定,不管财产与收入如何,奉养年迈双亲乃必须履行的绝对义务。这样他们的指导思想实际上变得不再只是照搬西方模式,而是设法使西方模式与中国传统和现实互相适应。

现代化的地方实践

于是,按照国民党的"地方性知识"(套用吉尔茨的术语),国民党法律最后表现为新旧法律有选择性的混合。晚清司法改革者一开始就赞同民法的权利概念。在经济关系上,他们很大程度上采用了资本主义原则,但他们在家庭组织和继承法上裹足不前。国民党立法者添加了男女平等的思想,但他们也提倡调和资本主义原则与对社会公正的关切和同情穷人的传统观念。正是在社会公正的理念和把现代西方最好的东西与中国传统综合起来的设想下,他们重新采用了典的范畴,加上了对高利贷的限制,并保留了养老的反馈理念。

因而民国司法现代化的"地方性知识"不仅包括中国传统与西方现代性的对立,也包括两者之间的互相适应。我们不能像新后现代主义者对以往学术批评所倾向的那样,因为它的过分之处而完全摒弃现代西方,也不能像旧的东方主义学术研究曾经做过的那样,因为它的落后而完全摒弃传统。对中国立法者来说,法律现代化既要求变化也要求连续。此外,现代化的"地方性知识"需要放在可被称为"现代化的地方实践"的背景中来理解,这里笔者指的是地方知识如何付诸实施及它如何影响人们的生活。例如对于典,法律制度采取了一个介于对新的排他性资本主义产权的信奉和旧的惯习之间的中间路线。在国民党法律下典卖其土地的农民仍然能够保留三十年的回赎权,但不是像以前那样可无限回赎。被迫出卖土地的穷人仍能从法律制度中博得某些同情和特殊考虑,但是限于对完全市场化的进一步承认上。

田面主是失去最多的人。旧的制度并未真正触及他们,因为清代法典并不明确禁止其习俗特权。但国民党法律通过强化田底主在土地价格上涨时增租,如果田面主欠租就撤"租",以及防止田面主随意转租田面的权利而彻底削弱了田面主的"永佃权"。所有这些措施都与惯习直接对立。在国民党法律系统下,田面主受到越来越多的法律限制而逐渐变成仅是佃农而已。

至于农民借贷者,新体系并没有向他们提供它所承诺的那种程度的保护。尽管法律有年利率最高 20% 的限制,通过在看似正当的契约上要小花招——把部分利息勾销当本金写在契约中,旧的高达 36% 的利率仍旧存在。然而与此同时,法律和法院坚持债务和土地所有权之间旧的法律壁垒:债权人不允许凭(抵押)拖欠贷款而获得对土地全部的所有权。

顾虑养老的农民发现新的法律系统仍然站在他们一边。尽管该系统总体上倾向于接近接力模式的继承法,没有附上意识形态的辩护,但法律仍然硬性规定儿子奉养其年迈双亲的绝对要求。而这继续经由习俗中的养老地安排得以贯彻执行,它是法律默许的办法。父母因而仍可通过法院对他们的儿子施加强大的压力。

对那些被买卖或有被买卖危险的贫穷妇女,新的法律系统也没有提供它允诺的那样程度的进步。照理说她们应该是独立的自主体,但她们却不再能够利用法院对那些企图把她们卖掉的人施压。只有在那些人"略诱"她们时法律才提供保护,否则的话,法律假设她们能够掌握她们自己的命运。从这一观点看,虽有立法者的良好意愿,但国民党法律系统比清代法律系统对她们提供的保护要少。尽管如此,法律的确还是为某些妇女提供了帮助。特别是在城市里,受过教育和相对富裕的妇女在结婚、离婚中获得了更大的自由选择的空间,而独立产权则为她们扩大了的自主提供了物质基础。

有关民事法律制度的情况,民国时期比清代更有必要关注法典与实际司法实践之间的分离。在男女平等的概念中尤其是女儿的平等财产继承权基本上只是一种理想,至少在农村是如此。把家庭农场只传给儿子的惯习在整个民国时期仍然是标准做法。事实是女儿仍继续嫁出村外,儿子留下来耕种家里的地。这样,不管法律宣称的目的如何,一般来说是儿子奉养年迈的双亲。结果是轮到法院去试图调解理论和习俗间的分歧。

法院首先做的可以说是通过钻法律的空子来逃避法律的概念框架。正如白凯所指出的,继承法原则上只能从被继承人死亡时才开始生效,但大多数分家是在父母还在世时进行,那些法律因而等于没有实际意义。相反法院等于被允许把分家归入死亡前的"赠与"范畴下,属于继承法的范围之外(白凯,1999:152—160)。尽管有立法者的良好意图,但在国民党法律下,多数农村女儿仍然没有继承她们父亲的任何土地。我要再次提醒,如果只考虑法律的理论态度,我们对法律系统实际上如何运行的理解将会被严重误导。

　　最后,本研究在比较晚清法律与模仿西方模式的国民党法律时试图超出现代主义的假设看问题。我的目的在于阐明两者已经明言的及未经明言的合理性,而非认为此优于彼。我的意思是通过把一方当作另一方的澄清性陪衬来把两者概念化和相对化。从这点上看,本研究很有点后现代主义理论的精神,也有试图超越旧社会史中的含蓄的唯物主义的曾被称为"新文化史"的味道。①

　　但本研究并不仅止于概念结构与话语。相反,它寻求把心态史纳入社会史的背景中。本书不仅考虑国家和民众如何思考和谈论民事法律制度,而且也考虑国家对它做了些什么及民众在其中如何生活。也就是说,我仅是把心态和话语视作一个必然包含两面的故事的一面。

　　此书中涵盖的几个议题展示了法律变迁对所涉及的人的生活

---

① 对"新文化史"的代表性陈述见亨特(Hunt),1989。但她后来与阿普尔比(Appleby)和雅各布(Jacob)一起,对后现代主义做了批评性反思(阿普尔比等,1994:特别是第六章)。

的直接影响。从文化史角度分析法律,这些结果并不一定很明显,需要通过对实际法律实践的进一步分析才能予以揭示。这样一种分析——从人们生活经验的角度出发,或许更符合"旧"社会史的传统而不是"新"文化史传统。我的意图实际上是设计一种两面都照顾到的研究。我试图使这种研究与旧的社会史不同,方法是从对现代主义和唯物主义假设的批评角度出发专注于司法话语与"意义网"(吉尔茨语)。但通过注意所涉及的人的行为与生活,它也意味着与新文化史中主观主义倾向不同。虽然它的出发点是法典、话语及心态的变化,但它接着考虑人们怎样经历这种变化。说到底,我想要做的是这样一种研究,它既是对清代及国民党民事法律制度的文化史研究,也是对其社会史的研究。

附录

下面两份表格显示了笔者在本研究中所使用的 875 个地方法庭案件的时期与类别。清代案件与我在 1996 年对清代民法的表达与实践的研究中使用的相同,民国案件以前没有用过。本书主要考虑的是民事法律制度,但因为许多与婚姻有关的案件涉及"犯奸"及买卖妇女,我们也不得不涉及刑事法律制度的某些领域,对此第九、十两章已有说明。

表 A.1　研究中涉及的清代案件:县、时期、类别

县名	时期	案件类别				
		土地	债	婚姻	继承	总数
巴县	1760—1859	100	96	99	13	308
宝坻诋	1810—1909	23	51	32	12	118
淡-新	1830—1899	125	51	9	17	202
总数		248	198	140	42	628

注:对编目人戴炎辉所做淡-新案件分类的少许调整,以及有关淡-新案件缩微胶卷中遗失或残缺的12起案件,见黄宗智,1998:233。

表 A.2　研究中涉及的民国案件:县、时期、类别

县名	时期	案件类别				
		土地	债	婚姻	继承	总数
顺义	1916—1936	42	23	33	30	128
宜宾	1931—1938	9	0	8	10	27
乐清	1945—1946	16	12	2	5	35
吴江	1945—1949	21	13	10	13	57
总数		88	48	53	58	247

引用书刊目录

　　对法典或法典草案仅以条或律引用,除非不清楚谈的是哪一部法典;除《大清律例》和 1925—1926 年的《民法典》草案,余皆以标题排列。清代法典参考的是薛允升编(1905)、黄静嘉校的版本,引用律依照的是黄静嘉的编号系统。1925—1926 年法典草案参考的是潘维和(1982)。

　　为参照方便,以下是引用案件时使用的格式。括号内的数字是我自己使用的案件号码归类(债——债务,继——继承,土——土地,婚——婚姻)。日期以年、月、日(1893.7.4)形式表示。它们是原始的告状日期(若有),否则即判决日期。

　　宝坻　卷号与阴历日期

　　巴县　全宗号、目录号、案卷号、阴历日期(若有)

　　淡水-新竹　整理者的编号与阴历日期(引用时简称淡-新)

　　顺义　目录号、案卷号、阴历日期

　　吴江　全宗号、目录号、案卷号、阴历日期

宜宾　只据日期(档案尚未完全分类)
乐清　只据日期(所有案件都出自全宗2、目录2、卷61)

引文中我只用了少许简称:《惯调》——《中国农村惯行调查》;《民商事》——《民商事习惯调查录》;以及"满铁"——南满洲铁道株式会社。

中、日文(按作者姓氏的拼音字母顺序排列)

《アシア歴史事典,1959—1962》,10卷,东京:平凡社。

宝坻县档案,北京:第一历史档案馆。(归顺天府,引用时注有卷号和阴历日期)

岸本美绪(1997):《明清時代における"找價回贖"問題》,《中国社会文化》,12:263—293。岸本美绪1996年文章缩写版。

岸本美绪(1996):《明清時代における"找價回贖"問題》,在"晚期中华帝国的法律、社会、与文化"研讨会上宣读的论文,9月21—23号,镰仓。

巴县档案,成都:四川省档案馆。(引用时注有全宗号、目录号、卷号及阴历日期)

北京市档案馆《婚姻案件》,以年和卷分类,引用时依判决时的年、卷及日期(年、月、日,如1942-3311,1945.5.12)。

《长宁县志》(1993),成都:巴蜀书社。

陈鹏(1990):《中国婚姻史稿》,北京:中华书局。

草野靖(1984):《近代中國における民法典の編纂永佃條項》,《文学部论丛》(熊本大学),13:27—52。

草野靖(1977):《田面慣行の成立》,《法文论丛》(熊本大学),

39∶61—86。

《大清民律草案》(1911),修订法律馆(无出版处)。

《大清民事诉讼律草案》(1910),4卷(无出版处)。

《大清现行刑律案语》(1909),法律馆(无出版处)。

淡-新档案,加利福尼亚大学洛杉矶校区东亚图书馆藏缩微胶片,戴炎辉编目。

中华民国大理院、京师高等审判厅民事案件,南京:第二历史档案馆。依法院卷号、页码及日期引用(如大理院,241∶878,1915.2.22;京师,239∶2496,1916.12.27)。括号内的号码系白凯所藏复印资料的编号,依卷和页码编排(如[3∶514];[9-1685])。

《法官考试任用章程》(1911),收于《新法令辑要》。

《法令辑览》(1917),卷6。

《法院编制法》(1909),收于《新法令辑要》(1911)。

费孝通(1983):《家庭结构变动中的老年赡养问题》,《北京大学学报》,3∶6—15。

《奉贤县志》(1987),上海:上海人民出版社。

傅秉常、周定宇编:《中华民国六法理由判解汇编》,卷1—3,台北:新陆书店。

《福建省例》(1964[1874]),8卷,台北:台湾银行。

《各级审判厅试办章程》(1907),收于《新法令辑要》(1911)。

官蔚蓝编(1956):《中华民国行政区划及土地人口统计表》,台北:北开出版社。

郭卫编(无日期[1912—1927]):《中华民国元年至十六年大理院解释例全文》,2卷,上海:法学编译社。

郭卫编(无日期[1927—1928]):《最高法院解释例全文》,1927.12.15—1928.12.20,上海:法学编译社。

郭卫编(无日期[1929—1946]):《司法院解释例全文》,卷1(1929.2.16—1933.11.9);卷2(1933.11.9—1940.5.17);卷3(1940.5.18—1946.3.28),上海:法学编译社。

韩恒煜(1979):《试论清代前期佃农永佃权的由来及其性质》,《清史论丛》,1:37—51。

洪焕椿(1988):《明清苏州农村经济资料》,南京:江苏古籍出版社。

《胡汉民先生文集》(1978),台北:中国国民党中央委员会党史委员会。

黄宗智(2001):《清代的法律、社会与文化:民法的表达与实践》,上海:上海书店出版社。

黄宗智(1999,强世功译):《学术理论与中国近现代史研究——四个陷阱和一个问题》,收入《学术思想评论》第5辑,沈阳:辽宁大学出版社。

黄宗智(1992):《中国经济史中的悖论现象与当前的规范认识危机》收入《中国农村的过密化与现代化:规范认识危机及其出路》,上海:上海社会科学院出版社。

黄宗智(1992):《长江三角洲的小农家庭与乡村发展》,北京:中华书局(2001年再版)。

黄宗智(1986):《华北的小农经济与社会变迁》,北京:中华书局(2001年再版)。

经君健(1993):《清代社会的贱民等级》,杭州:浙江人民出版社。

经君健(1961):《明清两代农业雇工法律上人身隶属关系的解放》,《经济研究》,6:49—74。

《开县志》(1990),成都:四川大学出版社。

梁治平(1996):《清代习惯法:社会与国家》,北京:中国政法大学出版社。

《六法全书》(1932),上海:上海法学编译社。

林惠海(1953):《中支江南农村社会制度研究》,东京:有斐阁。

罗香林(1973):《傅秉常与近代中国》,香港:中国学社。

《民商事习惯调查报告录》,《民商事》(1930),北京:司法行政部。

《民国人物大辞典》(1991),石家庄:河北人民出版社

《民事诉讼法》(1930—1932),收于《六法全书》(1932),353—439。

《民事诉讼条例》(1921—1922),收于《六法全书》(1932),575—686。

《民事调解条例立法原则》(1929),收于《中华民国法制资料汇编》(1960),44。

南满洲铁道株氏会社调查部冀东农村实态调查班(1937):《第二次冀东农村实态调查报告书:统计篇》,平谷县(大北关村)、丰润县(米厂村)、昌黎县(前梁各庄),大连。

潘维和(1982):《中国历次民律草案校释》,台北:翰林出版社。

《清代土地占有关系与佃农抗租斗争》(1988),2卷,北京:中华书局。

《清理不动产典当办法》,收于《法令辑览》(1917),卷 6:179—180。

《清末筹备立宪档案史料》(1979),2 卷,北京:中华书局。

仁井田陞编(1952—1958):《中国农村惯行调查》,6 卷,东京:岩波书店。

——(1960):《明清時代の一田兩主慣習とその成立》,收于《中国法制史研究:土地法取引法》,第 164—215 页。

沈家本(1985):《历代刑法考》,北京:中华书局。

《申报年鉴》,1933、1934、1935、1936,上海。

《顺义县档案》,藏顺义县档案馆。(引用时注有目录号、卷号及阳历日期)

《顺义县志》(1933),台北:成文出版有限公司(1968 年重印),2 卷。

《松江县志》(1991),上海:上海人民出版社。

《诉讼状纸通行章程》,收于《新法令辑要》(1911)。

《土地法》,收于傅秉常、周定宇编(1964),卷 1,457—552。

《土地法施行法》,收于傅秉常、周定宇编(1964),卷 1,553—562。

吴承明(1993):《新民主主义时期的中国资本主义》,北京:人民出版社。

吴江县地方法院民事诉讼档案,吴江县档案馆,1945—1949,全宗 206,目录 1。

吴坛(1992[约 1780]):《大清律例通考校注》,北京:中国政法大学出版社。

《新法令辑要》(1911[1910]),上海:商务印书馆。

《刑案汇览》(1886),台北:成文出版社1968年重印,8册。

《刑事民事诉讼法》,收于《大清法规大全》(1972),台北:宏业书局,6册,法律部,第3册,卷11:1—15。

薛允升(1970[1905]):《读例存疑》,黄静嘉编校,5卷,台北:中文研究资料中心。

杨国桢(1988):《明清土地契约文书研究》,北京:人民出版社。

杨幼炯(1936):《近代中国立法史》,上海:商务印书馆。

宜宾县地方法院民事诉讼档案,1933—1937,藏宜宾县档案馆。

乐清地方法律民事诉讼档案,1945—1946,藏宜兴县档案馆,全宗2、宗2、卷61。

张之洞(无日期):关于《刑事民事诉讼法》的奏折,收于光绪朝《东华续录》,卷209:2—4。

《中国法律年鉴》(1990),北京:中国法律年鉴社。

《中华六法》(1927[1913]),上海:商务印书馆。

《中华民国法制资料汇编》(1960),台北:司法行政部。

《中华民国宪法史料》(1936),文海出版社(无出版处)。

《中华民国刑法》(1928),收于《六法全书》,上海:法学编译社。

《中华民国刑法》英汉对照,1935,收于 *The Chinese Criminal Code and Special Criminal and Administrative Laws*,上海:商务印书馆。

英文

Alexander, Gregory S. (1985). "The Dead Hand and the Law of Trusts in the Nineteenth Century", *Stanford Law Review*, 37 (May): 1189—1266.

Alford, William P. 安守廉(1984). "Of Arsenic and Old Laws: Looking Anew at Criminal Justice in Late Imperial China", *California Law Review*, 72.6: 1180—1256.

Allee, Mark A. (1994a). *Law and Local Society in Late Imperial China: Northern Taiwan, in the Nineteenth Century.* Stanford, Calif. : Stanford University Press.

Allee, Mark A. (1994b). "Code Culture and Custom: Foundations of Civil Case Verdicts in a Nineteenth-Century County Court", in Kathryn Bernhardt 白凯 and Huang Philip C. C. 黄宗智 eds. 1994: 122—141.

Appleby, Joyce, Lynn Hunt and Margaret Jacob(1994). *Telling the Truth about History*. New York: Norton.

Barlow, Tani(1993). "Colonialism's Career in Postwar China Studies", *Positions*, 1.1(Spring): 224—267

Bernhardt, Kathryn 白凯(1999). *Women and Property in China, 960—1949.* Stanford, Calif. : Stanford University Press.

Bernhardt, Kathryn(1994). "Women and the Law: Divorce in the Republican Period", in Kathryn Bernhardt 白凯 and Huang Philip C. C. 黄宗智 eds. ,1994: 187—214.

Bernhardt, Kathryn (1992). *Rents, Taxes and Peasant Resistance: The Lower Yangzi Region, 1840—1950.* Stanford, Calif.: Stanford University Press.

Bernhardt Kathryn 白凯 and Huang Philip C. C.黄宗智(1994). eds. *Civil Law in Qing and Republican China.* Stanford, Calif.: Stanford University Press.

Bodde, Derk 卜德 and Clarence Morris 莫里斯(1967). *Law in Imperial China, Exemplified by 190 Ching Dynasty Cases.* Cambridge, Mass.: Harvard University Press.

Boorman, Howard (1967—1979). ed. *Biographical Dictionary of Republican China.* 3 vols. New York: Columbia University Press.

Bourdieu, Pierre 布迪厄(1990[1980]). *The Logic of Practice.* Tr. Richard Nice. Stanford, Calif.: Stanford University Press.

Bourdieu, Pierre (1977). *Outline of A Theory of Practice.* Tr. Richard Nice. Cambridge, England: Cambridge University Press.

Brockman, Rosser H. (1980). "Commercial Contract Law in Late Nineteenth Century Taiwan", in Jerome A. Cohen, Randle Edwards, and Fu-mei Chen, eds., *Essays in China's Legal Tradition.* Princeton, N. J.: Princeton University Press, pp. 76—136.

Buxbaum, David 包恒(1971). "Some Aspects of Civil Procedure and Practice at the Trial Level in Tanshui and Hsinchu from 1789 to 1895", *Journal of Asian Studies*, 30.2(Feb.): 255—279.

Chang Chung-li 张仲礼(1955). *The Chinese Gentry: Studies on Their Role in Nineteenth-Century Chinese Society.* Seattle: University of

Washington Press.

Chang Kia-ngau(Zhang Jia'ao) 张嘉敖(1958). *The Inflationary Spiral: The Experience in China, 1939—1950.*Cambridge,Mass. : The Technology Press of Massachusetts Institute of Technology.

Chao Kang 赵冈(1977). *The Development of Cotton Textile Production in China.*Cambridge,Mass. : East Asian Research Center,Harvard University.

Chayanov,A. V. (1986[1925]).*The Theory of Peasant Economy.* Madison: University of Wisconsin Press.

Chen,Fu-mei Chang 陈张富美 and Ramon Myers(1976,1978). "Customary Law and Economic Growth of China During the Ch'ing Period",*Ch'ing shih wen-t'*i,Part 1,V.3 No.5 (November 1976): 1—32: Part 2,V.3,No.10(December 1978):4—27.

Cheng,Joseph Kai Huan(1976).*Chinese Law in Transition: The Late Ch'ing Law Reform, 1901—1911.*Ph. D. dissertation,Brown University.

*The Chinese Crminal Code.*1928.Shanghai: The International Publishing Co.

*The Chinese Criminal Code and Special Criminal and Administrative Laws.*1935.Shanghai: Commercial Press.

Ch'ü T'ung-tsu(Qu Tongzu)瞿同祖(1961),*Law and Society in Traditional China.*Paris: Mouton.

*The Civil Code of the Republic of China. 1930—1931.*Shanghai: Kelly & Walsh.

Coble, Parks M., Jr. (1986). *The Shanghai Capitalists and the Nationalist Government, 1927—1937.* Cambridge, Mass. : Harvard University Press.

Conner, Alison Wayne (1994). "Lawyers and the Legal Profession During the Republican Period", in Kathryn Bernhardt 白凯 and Huang Philip C. C.黄宗智, eds. 1994: 215—248.

Huang Philip C. C. (1979). "The Law of Evidence During the Qing", Ph. D. dissertation, Cornell University.

Cui Zhiyuan 崔之元 (1996). "Particular, Universal and Infinite: Transcending Western Centrism and Cultural Relativism in the Third World", in Leo Marx and Bruce Mazlish eds. , *Progress: Fact or Illusion.* Ann Arbor: University of Michigan Press, 141—152.

Eastman, Lloyd E. 易劳逸 (1984). *Seeds of Destruction: Nationalist China in War and Revolution, 1937—1949.* Stanford, Calif. : Stanford University Press.

Eastman, Lloyd E. (1974). *The Abortive Revolution: China Under Nationalist Rule, 1927—1937.* Cambridge, Mass. : Harvard University Press.

Eng, Robert Y. (1986). *Economic Imperialism in China: Silk Production and Exports, 1861—1932.* Berkeley: Institute of East Asian Studies, University of California, Berkeley.

Epstein, Richard. (1985). *Taking: Private Property and Power of Eminent Domain.* Cambridge, Mass. : Harvard University Press.

Esherick, Joseph W. 周锡瑞 and Mary Backus Rankin (1989).

eds. *Chinese Local Elites and Patterns of Dominance*. Berkeley：University of California Press.

Fairbank，John K. 费正清 and Edwin O. Reischauer 赖肖尔 (1960).*East Asia：The Great Tradition*.Boston：Houghton Mifflin.

Fairbank，John K 费正清 Edwin O. Reischauer 赖肖尔 and Albert M. Craig (1965). *East Asian：The Modern Transformation*. Boston：Houghton Mifflin.

Fei Hsiao-tung(Xiaotong) 费孝通.(1939).*Peasant Life in China：A Field Study of Country Life in the Yangtze Valley*.New York：Dutton.

Feuerwerker，Albert 费惟恺(1958).*China's Early Industrilization：Sheng Hsuan-huai (1844—1916) and Mandarin Enterprise*.Cambridge，Mass. ：Harvard University Press.

Geertz，Clifford 吉尔茨(1983).*Local Knowledge：Further Essays in Interpretive Anthropology*.New York：Basic Books.

Geertz，Clifford(1973).*The Interpretation of Cultures：Selected Essays*.New York：Basic Books.

The German Civil Code (1907).*Translated and Annotated ,with an Historical Introduction and Appendices*, by Chung Hui Wang［Wang Chonghui］王宠惠.London：Stevens and Sons.

Grey，Thomas C. "The Disintegration of Property", *Nomos*, 22：69—85.

Habermas，Jürgen (1989). *The Structural Transformation of the Public Sphere：An Inquiry into a Category of Bourgeois Society*. Tr. Thomas Burger.Cambridge，Mass. ：MIT Press.

Hansen, Valerie (1995).*Negotiating Daily Life in Traditional China: How Ordinary People Used Contracts, 600—1400*. New Haven: Yale University Press.

Hevia, James L. (1995).*Cherishing Men from Afar: Qing Guest Ritual and the Macartney Mission of 1793*. Durham: Duke University Press.

Huang, Philip C. C.黄宗智(2000)."Biculturality in Modern Chinaand in Chinese Studies",*Modern China*,26,1(January):

Huang, Philip C. C. (1998). "Theory and the Study of Modern Chinese History: Four Traps and a Question",*Modern China*,24.2(April): 183—208.

Huang, Philip C. C.(1996).*Civil Justice in China: Representation and Practice in the Qing*.Stanford,Calif. : Stanford University Press.

Huang, Philip C. C.(1993)."'Public Sphere'/'Civil Society' in China? The Third Realm between State and Society?",*Modern China*,19.2 (April): 216—240.

Huang, Philip C. C.(1991)."The Paradigmatic Crisis in Chinese Studies: Paradoxes in Social and Economic History",*Modern China*, 17.3 (July): 299—341."

Huang, Philip C. C.(1990).*The Peasant Family and Rural Development in the Yangzi Delta, 1350—1988*.Stanford,Calif. : Stanford University Press.

Huang, Philip C. C. (1985). *The Peasant Economy and Social Change in NorthChina*.Stanford,Calif. : Stanford University Press.

Hunt, Lynn. (1989)."Introduction: History, Culture and Text", In Lynn Hunt, ed. , *The New Cultural History*. Berkeley: University of California Press, pp. 1—25.

Isett, Christopher Mills 艾仁民 (1998). "State, Peasant and Agrarian Change on the Manchurian Frontier, 1644—1944", Ph. D. dissertation, University of Califonia, Los Angeles.

Jamieson, George (1921[1970]). *Chinese Family and Commercial Law*. Shanghai: Kelly & Walsh. Reprinted Hong Kong: Vetch and Lee.

Jing Junjian 经君健 (1994), "Legislation Related to the Civil Economy in the Qing Dynasty", trans. Sommer Matthew H. In Bernhardt Kathryn and Huang Philip C. C. eds. 1994, pp. 42—84.

Ko, Dorothy Y. (1994). *Teachers of the Inner Chambers: Women and Culture in China, 1573—1722*. Stanford, Calif. : Stanford University Press.

Macauley, Melissa (1998). *Social Power and Legal Culture: Litigation Masters in Late Imperial China*. Stanford, Calif. : Stanford University Press.

Mann, Susan (1997). *Precious Records: Women in China's Long Eighteenth Century*. Stanford, Calif. : Stanford University Press.

Meijer, Marinus Johan (1976[1950]). *The Introduction of Modern Criminal Law in China*. Batavia: De Unie. Reprint: Arlington, Virginia: University Publications of America.

Nathan, Andrew J. (1985). *Chinese Democracy*. New York: Alfred Knopf.

Ng, Vivien W. (1987). "Ideology and Sexuality: Rape Laws in Qing China", *Journal of Asian Studies*, 46, 1: 57—70.

Palmer, Michael (1987). "The Surface-Subsoil Form of Divided Ownership in Late Imperial China: Some Examples from the New Territories of Hong Kong", *Modern Asian Studies*, 21.1: 1—119.

Reed, Bradly W. 白德瑞 (2000). *Talons and Teeth: County Clerks and Runners in the Qing Dynasty*. Stanford, Calif. : Stanford University Press.

Reynolds, Douglas R. (1993). *China, 1898—1912: The Xinzheng Revolution and Japan*. Cambridge, Mass. : Harvard University Press.

Rowe, William T. 罗威廉 (1993). "The Problem of 'Civil Society' in Late Imperial China", *Modern China*, 19.2: 139—157.

Rowe, William T. (1992). "Women and the Family in Mid-Qing Social Thought: The Case of Chen Hongmou", *Late Imperial China*, 13.2: 1—41.

Rowe, William T. (1990). "The Public Sphere in Modern China", *Modern China*, 16.3: 309—329.

Rowe, William T. (1984). *Hankow: Commerce and Society in a Chinese City, 1796—1889*. Stanford, Calif. : Stanford University Press.

Said, Edward W. 萨义德 (1978). *Orientalisim*. New York: Pantheon Books.

Scogin, Huge T., Jr. (1990). "Between Heaven and Man: Contract and the State in Han Dynasty China", *Southern California Law Review*, 63.5: 1325—1404.

Singer, Joseph William (1988). "The Reliance Interest in Property", *Stanford Law Review*, 40: 611—751.

Sommer, Matthew H.苏成捷(2000). *Sex, Law and Society in Late Imperial China*.Stanford, Calif. : Stanford University Press.

Sommer, Matthew H. (1996). "The Uses of Chastity: Sex, Law, and the Property of Widow in Qing China", *Late Imperial China*, 17.2: 77—130.

Sommer, Matthew H. (1994). "Sex, Law and Society in Late Imperial China", Ph. D. dissertation, University of Califomia, Los Angeles.

Unger, Roberto Mangabeira (1986). *The Critical Legal Studies Movement*.Cambridge, Mass. : Harvard University Press.

Van der Valk, Marc(1978[1939]).*An Outline of Modern Chinese Family Law*.Taipei: Chengwen.

Weber, Max (1968). *Economy and Society: An Outline of Interpretive Sociology*.3 Vols. New York: Bedminster Press.

Wolf, Arthur P. (1995).*Sexual Attraction and Childhood Association: a Chinese Brief for Edward Westermarck*.Stanford, Calif. : Stanford University Press.

Wolf, Arthur P. and Chieh-shan Huang(1980).*Marriage and Adoption in China, 1845—1945*. Stanford, Calif. : Stanford University Press.

Wright, Mary Clabaugh(1957).*The Last Stand of Chinese Conservatism: The T'ung-chih Restoration*.Stanford, Calif. : Stanford University Press.

Xu Xiaoqun 徐小群(1997)."The Fate of Judicial Independence in Republican China", *China Quarterly*, 149 (March): 1—18.

Yung, Kiang(1925)."The Development of Modern Legal Institutions and Judicial Reform in China, IV: Judiciaries and the Laws Applied Therein", *China Law Review*, 2.3(January): 117—134.

索引

页码后加"n",指本条目出现在此页脚注中。

A

安徽,190,203,206

B

巴县,45;巴县的典案件,84—124,129—134;巴县的债案件,177—135;巴县的婚姻案件,169—177,188;巴县的出卖妇女,185—188

"白承耕",111

白凯,25,65,69n,112n,125n,164,179,215,231

白契,147

宝坻县,88,160,163,166,169;宝坻县的典案件,84—87;宝坻县的债案件,132—136;宝坻县的赡养案件,159—161;宝坻县的继承案件,164—168,190—192;宝坻诋县的婚姻案件,169—177,188—190

北京大学,56,57

北京市,10,211,215

北平地方法院,45

北洋政府, 10, 43, 45, 55, 96, 99, 100, 101, 120n, 164

Bourdieu, Pierre, 14, 220n, 222

C

财产权, 6—7, 22—33, 37; 国民党财产权, 79—63, 64—67, 93—95, 114—116, 118—122, 230; 家庭财产权, 63—66; 继承与财产权, 71—73; 田面与财产权, 110—112, 124—126, 223; 土地关系与财产权, 118, 227—228; 养老与财产权, 153—157; 父系与财产权, 178, 199, 218; 寡妇与财产权, 197—200, 208

恰亚诺夫(Chayanov. A. V.), 亦见家庭农场, 农民经济, 220n

蔡元培, 55

蔡仲定, 209

曹锟, 78

曹锟宪法, 59

草野靖, 107, 118

娼妓, 232, 196—198; 清法典下的娼妓, 129; 被卖为娼, 172—173, 185—187, 204—207, 221

长江三角洲, 112—113

长工, 153

长宁县, 48

常熟县, 113

陈邦兴, 138

陈大清, 126

陈张富美, 6n

陈果夫, 55

陈立夫, 55

陈李氏, 189

陈六, 189

陈许氏, 141

陈氏, 166, 187

陈顺宝, 216

陈羽兴, 138

Cheng, Joseph, 19

成都, 212

重庆, 45

崇明岛, 107

出售, 6, 24, 171—175; 典卖, 6, 24—33, 41; 出售妇女, 173, 185—188, 197, 202—207, 221, 227—230; 出售女儿, 172—175, 183, 197—200, 207; 出售妻子, 232, 173

初级审判厅, 41, 44

253

处罚,18,40—43,79,176,185,192,200;清法典中的处罚,22—24,27—33,55—57,129;通奸处罚,213,224

传票,39,40

Conner, Alison,47n

Coble, Parks,12,55n

D

大理院,见最高法院

大清民律草案,19,21

大清现行刑律,20,24n,30,32,44,94

戴季陶,55,56

淡水—新竹,48;淡水—新竹的土地税争端,123;淡水—新竹的债案件,135;淡水—新竹的结婚订婚案件,207—208

道德,79

道士,30

德国民法典,2,55,62,63—64,67,94,116,227

等级,171,178,179n

抵押,78,82,83—84,89,93—96,139,143—146;抵押案件,103—105;国民党法律下的抵押,141—146

地方法院,43—46,209;国民党地方法院,44;顺义县地方法院,43—45

地方性知识,222,225。亦见克利福德·吉尔茨

地主,79,112n

地租,84,107—115,152;地租与土地关系,67—70,82,109,119,123;田面租与田底租,111—114;地租与财产权,121—125;地租与债,133,138

典,17—30,68,77—86,141—198,218—224,227—232;典时限,78—80,86,98—101;典与土地价值,79;找贴与典,79—82,129—131;典与土地所有,81—83;坟地与典,85—87;市场价值与典,87—91,223;转典,89—94,102,105;滥用典,121;民国时期的典,121—130;典与抵押,103

佃户,79,84;土地关系与佃户,100—108,110;佃户田面所有权,110,124—126;"典买田

宅",78

典权:典权的法律争端,77—79;出买典权,82,87—90,94,101;土地价值与典权,93—95

丁赋,30

丁黄氏,181—182

丁李氏,205

订婚,175,186,206—215

东北,83

董康,54

董氏,211

冻福昌,125

杜春,148

杜春贞,209

F

法典编纂会,54

法官,40—52;县与地方法官,44—67

"法官考试任用暂行章程",41

法律,1—14,17—23,46—62

法律编查会,54

法律编纂馆,18

法律改革,9,52,227—230;清代法律改革,17—20,44—36;民国法律改革,19—22;反对法律改革,35—37

法律顾问,35

法律系统,47n,52,191,225,227,230;清代法律系统,23—26,78;法律系统中的民法与刑法,44—36

法律职业:法律职业发展,46—52

法政大学,47,57

法政学校,47,50,57

法制局,54

"法院编制法",41

法院系统,2;法院系统改革,44,39;国民党统治下的法院系统,43—46;民国时期的法院系统,43—46

饭:养老饭,148—151

犯罪,40,171—176,196—202;性犯罪,170,196—198;非法性关系罪,191—194;出卖妇女罪,196—198,202;通奸罪,200,210—213,224

范源清,137

费孝通,147,156,157

分期付款,70

255

分院,44,49

坟地:坟地与典出地,85—86

冯李氏,166

冯氏,187

奉贤县,44

傅秉常,56,67,69,73,214;傅秉常论继承,71—73

福建,107,111,113,115,181,182,183,188(闽)

"福建省例",115

福州,121

父母:赡养父母,3,62,147—161,218—220,228;婚姻与父母,65,177—178;父母与订婚合约,207—209;父母与孩子,209

父系,54,55,156—159,164,176—178,199;国民党法典与父系,53—55,154—159;继承与父系,71—73;婚姻与父系,177;父系与社会秩序,218

妇女,3,12—13,27,228,230;买卖妇女,6n,171—175,185,196,202,230;强略妇女,41;清代法律下的妇女,169,188—194,219—224;娼妓与妇女,171—174;妇女与非法性行为,172—175,180;婚姻与妇女,177—178;离婚与妇女,178;妇女从属性,177—180,194,219—222;妇女同意犯奸(和奸),180,181 妇女受害,185—204;国民党法律下的妇女,195—216

妇女的抉择(意愿,自主),13;清代法律下妇女的抉择,169,177—182,192—194;国民党法律下妇女的抉择,195—198

G

冈田朝太郎,18

高陈氏,166

高德太,166

高等审判厅,41,125n

高奇,135

高天旺,166

高永成,166

高仲和,19

个人,78—69;个人与财产所有权,37,62;婚姻与个人,66

个人自由,195,201

"各级审判厅试办章程",39

耿德旺,185

耿德元,205

公正:社会公正,67—70

共产主义,68

顾其智,137

顾祥,139

寡妇,171,174,178—182,188;继承与寡妇,27,163—166;寡妇权利,196—200;国民党法律下的寡妇,206—211

关钟生,188

管理,43,44,220;管理与司法,39—42,45;法律训练与管理,47—51

广东,108

广东政府,56

广西,213

郭长林,217—219

郭江氏,141

郭穆氏,223

郭袁氏,190

郭永升,217

郭氏,210

郭玉成,134

国民党,6—14;三民主义,53,56;领导,54—56。亦见中央政治会议;蒋介石;胡汉民

国民党法律:国民党法律下的略诱,196;国民党法律中的非法性行为,198;寡妇与国民党法律,196—200;国民党法律中的通奸,198—201;国民党法律中的妇女贩卖,212;国民党法律下的寡妇,205—210;婚约与国民党法律,206—209。亦见国民党民法典

国民党民法典,2,3,5,19,22n,24,53,72,82;起草国民党民法典,53—56;国民党民法典下的财产权,78—63;国民党民法典中的债与财产,64—67

国民党民法典与习俗,71—73;国民党民法典中的土地出卖,92—94,129—138;国民党民法典中的抵押,103—105,144—146;国民党民法典中的永佃,118—122;债与国民党民法典,134—137,139—141;赡养与国民党民法典,156—161;婚姻与国民党民法典,178n,195,210;离婚与

国民党民法典,211—216;现代化与国民党民法典,228

国民党时期,1—3,9,47,62—63,127;国民党时期的民事法律制度,4,11;国民党时期的法律,9,11;国民党时期的法院系统,43—46;国民党时期的南京政府,54;国民党时期的财产权,78—63;国民党时期的社会公正,68;国民党时期的合同,130,140—145;国民党时期的妇女和法律,195—216

国民党中央政治会议,54,55,65,126—96

H

孩子:出卖小孩,172—175,186,199;父母控制小孩,215,228

汉人,20,30,83

韩氏,152

郝狗妮,150,152,154

郝国良,153

和尚,30

和,177—178,191,200;和与婚外奸情,179—184,222—224;和与性关系,202—204

和奸,174—177

和诱,202—207,221

黑龙江,30

红契,110

侯家营村,148;侯家营村的养老,147—155

侯长恩,151

侯长惠,150

侯瑞和,151

侯元珍,154

侯治平,150

胡爱德,215

胡汉民,55,56,68—73;胡汉民论社会公正,72;"新民法的新精神",71

胡氏,188

湖北,202

户,亦见家庭华北,153—155;华北的赡养,147—157

华阳桥村,126

黄方本,125

黄万盛,89

婚外奸情,179—182,191—194。亦见通奸

婚姻,6,20,24—33,182—192;清代婚姻,6n,66,176;个人权利与婚姻,64—67;卖休,170—174,183,188,203,204;订婚,175;婚姻与父系世系,177—178;已婚在逃,191—192;国民党法典与婚姻,195—196,214—216;婚姻与同居,200,210—213;婚姻与寡妇,206;婚姻中的虐待,213—215

J

Jamieson, George, 19n

继承(财产):清法典,23—27;亲族与继承,63—67;国民党法典,54—73,229—232

继承人:继承人与继承,163—167;继承人与赡养,223—168

继承(宗祧),2—5,64;清法典中的继承,23—29,30—33,36—51,163—167;国民党法典与继承,54,77—62,54—73

祭祖,49—67。亦见坟地

家庭(亲属),2—5,26—29,35—37,55,205—208,210—212;财产权与家庭,36—51,63—67;土地所有权与家庭,79,156—118,163—164;父系与家庭,147—159,218—222;赡养与家庭,147—223,218—222;继子与家庭,158—229

家庭农场,2,62,147—202,155—158。亦见小农经济;生存伦理

嘉兴县,83

贾陈氏,192

监察院,56

检察官,40

江苏,10,83,110

蒋介石,12,46,55—57

交易:田面交易,108—111

教育,46—52;国民党领导的教育,54—59

焦易堂,57

借贷,62,63,129;土地作为借贷的担保,78,82—84,89;借贷与农民,78—80,129;宽恕借贷,137—140;借贷与利率,144—146

金才,19000

金吴氏,190

靳永增,135

经济,94—96,132;资本主义,61—

259

63,226—228;农民,63,73,79,
219—224
经济增长,6n,61,115—118
精英,48—52
警察,40,44
鞠王氏,192,193
军事委员会,213

K

开垦:开垦土地,140—146
开县,44—48
开弦弓村,110
考试院,56
考试体制,30
Geertz,Clifford,14,221—223
柯林氏,134—135
孔梅氏,214
孔祥熙,55

L

蓝头岛,108
劳动:劳动与土地关系,140—150,
  114—116;劳动与土地价值,
  125—127,220—222
劳役,30

冷水沟村,152
离婚,3,24,66;清代法典与离婚,
  26—29,30—33,170—172,178—
  180;国民党法典与离婚,146,
  196—202,204,210—212,213—216
李长姑,186
李德盛,188
李海泉,141
李进声,85
李九渊堂,108
李鲁占,134
李徐氏,126
李张氏,225
李庆四,107
李祺祥,138
李三妞,183
李氏,76
李树林,150,152,153
李溪猛,88
李永祥,152
立法院,56,68,71,202
利息,利率,54,73,78—80,135,
  139;清代的利息/利率,128—130
梁本立,89
梁福,88

梁光泰,209

梁锦宽,209

梁治平,6,6n

粮食:养老粮,148,152

列宁主义,55

林斌,57

林绸凉,210

林惠海,109,110

林光地,98,99

林森,55

林石,134—135

林石头,210

林王和清,139

临时大总统宣告暂行援用前清法
　律及暂行新刑律令,20

临时宪法,59,78

蔺凤儒,103,145

领导:国民党,56

刘斌奎,150

刘殿珍,217

刘和,85

刘洪志,90,98

刘会元,135

刘魁先,191n

刘坤一,18,37

刘荣云,217

刘氏,121,188

刘守忠,162—163

刘树凯,151n

刘顺,85

刘顺珍,121

刘坦林,149,150

刘万臣,150,152

刘五,190

刘锡九久,134

刘秀珍,92

刘玉德,148—150

刘月银,138

刘张氏,189

刘振先,162

六法全书,20

卢阿凤,216

卢时梅,209

吕俊石,136

律师,44,41,43;律师注册,46—48;
　律师地位,49

律师协会,48

略人(略诱):略诱妇女,41n,32—
　33,171—175,186,189,219—
　222;略诱与在逃,175—176;国

民党法典中的略诱,196—198
轮流管饭,153,154
罗焕文,216

M

马克斯·韦伯:马克斯·韦伯论合同,130—132;世袭家长统治制度,28
马如林,137
马若孟,6n
满铁调查,150,151,154n,155,163
满人,20
美国,48
Meijer, Marinus,18;《中国现代刑法的引进》,18
苗,30—31
藐视法令者:债与藐视法令者,136
民法:定义民法,35,37—40;法庭与民法,39—41,43—46
民法典,2,3,18,22,24—29,32,43;民法典与习俗,6—8,69—73;修订民法典,9,58;清代民法典,18—20,22—25,27—33;国民党民法典,56—57
民法起草委员会,56

民国时政府,19—22。亦见民国时期
民国时期,45,48,92,230;民法典,2,3,18;民国时期的法律改革,19—23;司法机关,47—49;民国时期的典,121—96;民国时期的财产权,115—118,124;民国时期的债,136—140
民权,78
民事诉讼法典,44
民事诉讼律草案,38
明代,92,107
明代法典,26,78
命案,99
谋杀,193

N

南京,12,54
南京政府,46,57
Nathan, Andrew,60—61
农场:农场与赡养(养老),147—150
农业,110—112
奴隶,20,179n,215
女儿,151,230;出售女儿,174—

176,199

女孩：出卖女孩,174—176,199—200,207—209

P

庞双泰,191

陪审制度,36

培训：律师与司法官员培训,46—52

彭芝开,139

贫穷：贫穷与债,134—139;贫穷与出售妇女,171,172,229—231

平等：性别平等,37,54,62—67,226—230;国民党法典下的平等,195—196,225—232

Q

妻子,175,176,178;买卖妻子,172,182—185,202—204;妻子在逃,176,191,198—201;虐待妻子,188—192

齐唐氏,223

祁门县,206

契约,185,188,196;帝国时代的契约,130;清代契约,130;身份合同与目的合同,132;借贷契约,139—141;结婚契约,172,188—190;订婚契约,174—176,207—211

钱:养老钱,148,151—154

乾隆年间,30

强奸,169,190—194

妾,185—188,191n,202,207,211

亲族,25,26,121,132,133

清法典,2,21—26,30,32,64,78,107,126,164,171;清法典的修订,1,10—12,30—33,37;清法典与习俗,5,72;清法典与财产权,24,61;清法典中的债偿付,130,135—137;清法典中的继承,23—29;民事案件与清法典,25—27;清法典中的男女平等,62—64;清法典中的典,77—124,100—102,219—224;清法典中的利率,128—130;养老与清法典,156—159,223—227;继承,217—168;清法典下的妇女,169—171,191—194,199,219—226;清法典下的娼妓,173;订婚

合约与清法典,174—176,208—211;清法典下的父系,177—178;清法典下的离婚,178—181;清法典下的和,178—181

"清理不动产典当办法",72

清代,12,48,54;清代法律制度,164;清代法律,12—13,29;清代司法改革,17—22,44—36;清代土地关系争端,107—114,115—116;清代契约,129,131;清代债案件,134—137;清代养老,158—161;清代不幸婚姻,210;清代法律与习俗,217—223;清代土地出售,219—222

邱辅卿,143

瞿荣,186

权力:司法权力与管理权力,44,39—41,46

权利,27—33,67—71;公民权利,59,60;政治权利,60,61;个人权利,64—67;权利与土地关系,140—110;田面权,106,108,110,112,115—123

权利束理论,117

R

任扬毓,188

日本,18,47,54—58

日照县,206

儒家,43,79

S

Said,Edward,14,222

三民主义,53,56,68

桑振泉,97

沙井村,142,150,152;沙井村养老,148—155

山东,154n,192,206—207,213

陕西,190

赡养(养老),61;养老习俗,147—157;清代赡养,156—159,223—168,218—220;国民党法典与养老,157—164,230

商务印书馆,21

上海市,44,48

社会公正,53—73

社会准则,28,37

申伯西,186

沈家,97

沈家本,18,19,21—30,35—37,41—42,58,94,99;修订本清法典与沈家本,41,35—37,58,93

沈麓笙,139

生存伦理,13,77,218,219,220,228

湿地,140

食品:养老食品,152,153

史尚宽,57

市场,129—134;典与市场,87—124;找贴与市场,103—105;土地关系与市场,106—108;土地所有权与市场,144—156,223—225

世袭家长统治主义,28

"释冤结姻",107

收费标准化,40n

继嗣:继嗣与养老(赡养),158—161,163—168;继嗣与继承,163—168

守孝,178

受害:妇女的受害,185—192

税收,54,115,123;土地关系与税收,114—116,121—125,219—221

顺义县:顺义县法院,45;顺义县受过教育的精英,48—50;顺义的典,159—124,101;顺义的抵押,103,144—146;顺义的债案件,136—138;顺义的养老,225;顺义的继承,164—166;顺义的妇女买卖,205;顺义的离婚,213—215

司大,107

司法部,10,54,55,83,126;土地使用与司法部,140—108,117—119

司法系统,43;司法系统与管理系统,39—40;县法院与司法系统,41—46;民国时期司法系统,48—49;国民党司法系统,55

司法院,11,55,122,144,195,202—207,212,213,214

四川,2,10,46,48,157,212

寺北柴村,148,150,153,154,163—223,215

松江,44,111,112,113,126

松冈义正,18,118

宋代,107

宋子文,55

苏成捷(Sommer, Matthew),63n,172—173,182,192

苏恭,85

265

苏黎,85

苏州,92,109

"诉讼状子通用章程",40n

孙科,55,56,

孙鉴,160

孙中山,56,69

孙家乡村,109—110

所有权,2—6,77—82,85,87,221,223,229;田面权,6,8,104,107,110,112,114—118,228;财产,23—27,37,61—70;双层所有权,107—111,114,116;养老与所有权,155

T

太平天国运动,110

太平天国战争,112n,122

台湾,83n,113

唐涵斋,139,143

唐用中,99

陶宗仪,107

天津,48,108,112,118n,121—127

天津府,39

田底:田底所有权,107,111—114,121—125

田面,108—116

田面:田面权,6,104—119,220—225,229;买卖田面权,110;税收与田面,115—116,122—123;转租与田面,123—127;田面与土地价值,125—127

田氏,189

田树椿,103,145

通货膨胀,98,99

通奸,177,180—182,184,188,195—201;国民党法典中的通奸,200,213;寡妇与通奸,205—208

童养,童养媳,171,175,186,199—210

同居洞居与婚姻,198—201,212

投资:佃户投资,140—108

屠伟量,125

土地,30,41,86—88,135;土地所有权,6,61,107—110,113,145—146,225;社会公正与土地,67—70;作为安全抵押的土地,78,139,140—144;土地价值,79—82,126;永佃与土地,159—163;用于赡养的土地（养老地）,

147—157,159—160;土地家庭所有,150—158;土地与继承,164—168

土地出售,2—7,23—26,121;典卖土地,67—71,72,77,219—224,229;土地出售类型,78—80;清法典,78,107;土地出售与价格变化,79—83,92—96,98;土地出售与市场,87—93;田面与田底出售,亦见典,107—110

土地法(1930),69

土地关系:土地关系与债,70;土地关系与典,107—110;土地关系与劳动价值,106—108,220—223;惯习,139—105;田面权,140,110,112,218,224,228;永久土地所有,111—113;田面权与田底权,113;永佃概念,117—123;土地关系与税收,121—125

V

Van der Valk,Marc,18,19n

W

宛平县,211

王宠惠,55,56,57

王纯侯,125

王笃来,181

王公新,92,93

王汉钦,139

王惠言,46

王何氏,193—194

王家,137

王刘氏,214

王随馨,193—194

王廷桂,192

王廷梅,192

王桐,160

王维成,211

王文卿,138

王锡全,92

王希贤,187

王袁氏,191

王用宾,57

王泳娃,190

王永增,92—93

王有然,99

"违禁取利",79

"威力制缚人",79

魏深之,139,143

魏正朝,191n

吴寡妇,92—93,100—101

吴黄氏,100

吴江县,216;吴江县典案件,100,104;吴江县债案件,140—143

吴林氏,210

吴尚义,124

吴益春,123

吴县,109

吴顺记,124

伍廷芳,18,19,36n,37

物权,3,38;国民党法典中的物权,24,54,62;永佃与物权,118—122

X

"细事":清法典中的细事,28,39,56—59

习俗,1,3—11,226—231;习俗与民法典,6—8,70—73;典买土地习俗,78—80,82—85;习俗与典案件,85—88,99;习俗与抵押,103,143—146;习俗与土地所有,106—110,119—122;习俗与赡养,147—157;清代习俗,5,217—223

县,43—52;县地方法院,41,43

县令,41,43,44,48—51;收税与县令,121—124

现代化,14,223,225—228;法典的现代化,225—228;地方知识与现代化,228—230

现代性,1,3,8;现代性与权利话语,59—61;现代性与男女平等,64—67;现代性与社会公正,67;现代性与东方主义,225—227;现代性的地方知识,223—226,228,231

宪法:宪法与公民权利,58—61

宪法大纲,58,60

宪政编查馆,20,41

香港,108n,110

向洪,187

相奸,184,197,182

萧明礼,124

萧源,89

小农:土地出售,67,77—79,86—88,220;小农与土地关系权力,106—108;小农田面所有权,111—114,124—126;小农与利率,128—130,139—141;经济与

小农,132—134,220;小农借贷,140—144,230;养老与小农,147—157

小农经济,62—64,126,128—130,132—134,144—146,153—156。亦见家庭农场,生存伦理

孝,157—161

谢二,191

新界,107,110

"新民法的新精神"(胡汉民),71

新竹:新竹典案件,85—91;新竹债案件,134—138

信用,132,134,220

刑部,32n,99,172,175,181—182,190—193

刑法,35,37—42

刑法典,17—19,32;清代刑法典改革,18,32,33;民国刑法典,20—23;国民党刑法典,196—202

刑事诉讼律草案,38

刑事民事诉讼法,35

性别关系,12;性别关系平等,54,62—67,228,229—231;土地所有制与性别关系,154—157

性行为:非法性行为,171—175,179—184,190,196—198

修订法律馆,53,54

修订法律大臣,18,36n,37

修订法律馆,18,53,54

徐二姑,186

徐福玉,163

徐刘氏,163

徐小群(译音),47n,55n

徐子中,134

许可证,40

Y

鸦片烟贩,46

颜俊臣,98

杨刘氏,190—191

杨攀龙,90,98

杨幼炯,18n

杨源,150

叶关生,126

宜宾县,216

易劳逸,12,55n

奕劻,20

意识形态:国民党意识形态,54—56

引诱:作为略诱的引诱,172—175

269

诱意被诱（和诱），175—176，
178—180，202—205，210—216；
作为犯罪的引诱，196—198
雍正年间，30
永佃，108—112，115—125；国民党
利用永佃，118—125
永小作权，118
Young, Arthur，141
俞杰，141
余廉三，94，99
元代，107
袁化，141
袁赵氏，165
袁世凯，39
袁世凯宪法，59，60
乐清县，98，100；乐清县典案件，
92—93，98；乐清县债案件，125
乐人，172，173
岳父母，178

Z

再婚，171，174
在逃，175—176，200
暂行新刑律，20
臧凤拓，139

葬礼开支，152
责任：对权利，58，67
曾邦，90—91
曾贯贤，135
曾国兴，124
曾火炉，89—90
曾瑞钦，90
曾淑贤，216
曾文，90—91，102
曾逸，46
债，3，7，24，26，62，128—196；债与
国民党法典，54，66—69，143—
146；债与社会公平，70；债与契
约，129—134；清代债约，132；清
代债案件，134—137；民国时期
债案件，137—144
詹鹏才，136
张阿朋，136
张朝元，104—105
张茶盛，93，102
张广琴，211
张桂林，92，93
张国起，185
张汉，185
张俊德，126

张六, 185

张伦元, 121

张模, 188

张七, 189

张庆, 214

张庆泰, 185

张氏, 152, 205, 211

张顺, 188

张文惠, 153

张文奎, 153

张文中, 153

张有岑, 100

张有寿, 100

张之洞, 18, 36—39, 43, 64

章程, 37—42, 49, 114—116; 临时章程, 37—42

章宗祥, 54

漳州府, 107

丈夫: 丈夫与非法性行为, 172—175; 丈夫与在逃, 176

找贴, 77—82, 84, 88—97, 100, 103, 223

赵洪, 160

赵俊山, 150

赵庆维, 160

赵权, 153

赵腾佑, 186

赵印, 154, 155

赵永, 85

浙江, 10, 69n, 83, 109, 113

贞节, 188, 194, 224; 国民党法律下的贞节, 198, 205—208

证人: 妇女作为证人, 37

郑宝, 210

郑银叨, 138

郑毓秀(苏梅), 57

郑子荣, 139

直隶, 190, 193

质权, 93—95, 103, 144—145

质押, 103, 143

中华民国宪法史料, 59

中国共产党, 12, 55

中国现代刑法的引进, 18

钟汉章, 141

钟左川, 93, 102

周登荣, 121

周芳椿, 212

周福来, 88

周福顺, 88

周谢氏, 212

周氏, 189

周学儒, 186

周代, 65

朱春芳, 100—101

朱贵, 134

朱桂卿, 100

朱献文, 18

朱亦明, 98, 99

朱再烈, 93, 102

资本, 53, 61

资本主义, 60—64, 67, 70, 117, 226—230

自杀, 192

最高法院(大理院), 11, 41, 54—56, 110, 198; 民国最高法院, 20; 最高法院与土地买卖, 93—95; 田面权, 113—118; 永佃权, 118—122; 出售妇女, 202—205